人 文 社 会 科 学 类 学 术 丛 书

成品油销售企业
物流一体化协同研究

柳瑞禹　赵振学　著

武汉大学出版社

图书在版编目(CIP)数据

成品油销售企业物流一体化协同研究/柳瑞禹,赵振学著.—武汉：
武汉大学出版社,2020.6
人文社会科学类学术丛书
ISBN 978-7-307-21547-4

Ⅰ.成… Ⅱ.①柳… ②赵… Ⅲ.石油销售企业—物流管理—研
究—中国 Ⅳ.F426.22

中国版本图书馆 CIP 数据核字(2020)第 091369 号

责任编辑:沈岑砚 责任校对:汪欣怡 版式设计:韩闻锦

出版发行：**武汉大学出版社** (430072 武昌 珞珈山)
(电子邮箱：cbs22@whu.edu.cn 网址：www.wdp.com.cn)
印刷:广东虎彩云印刷有限公司
开本:720×1000 1/16 印张:13.25 字数:200 千字 插页:1
版次:2020 年 6 月第 1 版 2020 年 6 月第 1 次印刷
ISBN 978-7-307-21547-4 定价:39.00 元

前　　言

　　随着我国经济的持续增长，石油消费量一直在稳步提升。而全球经济发展使石油市场的竞争日益激烈，成品油销售企业迫切需要谋求更加科学的管理方式、更加高效低成本的运营模式来增加竞争力。我国土地幅员辽阔，但是石油开采和加工呈现区域集中的情况，主要集中区域在东部，而中西部的石油开采和深加工都为辅助梯次，因此，石油采购和销售面临的是跨区域的竞争，且物流效率必然影响竞争优势的体现。物流一体化协同的发展，正好契合了现代物流发展目标的要求，将网络化、实时化、自动化、智能化融入物流管理中，对成品油销售企业降低物流成本、提高企业竞争力提供了有利条件。在此背景下，成品油销售企业特殊的物流属性以及对物流链协同的迫切需求，使得物流一体化成为其整合物流资源，实现可持续发展的必然选择。

　　鉴于我国成品油物流一体化系统实际存在的诸多问题，本研究针对我国成品油销售企业现代物流一体化协同发展这一核心命题展开研究，通过分析我国成品油物流企业发展现状，剖析其存在的问题，运用协同理论等相关理论，阐述我国成品油销售企业物流系统的特点、构成要素及功能，制定了成品油物流系统的构建原则，探讨成品油销售企业物流内部一体化与外部一体化协同的内涵、目标、原则及要素，建立基于协同效应的物流一体化协同模型，运用序参量方程求解平衡点和稳定条件；从运输系统、库存系统、配送系统及信息系统四个方面构建了成品油物流内部一体化协同，根据成品油销售企业物流一体化管理的问题，对四个子系统进行优化研究；从成品油纵向一体化协同和横向一体化协同两个维度对成品油外部一体化开展了深入研究。在此基础上，从管理、信息化、人力资源、成本管控和风险管控五方面提出实施成品油销售企业物流一体化协同的保障措施，以期为成品油销售企业提升核心竞争力、提高物流管理效率和降低物流运营成本提供依据，并将理论与实践有效结合，在理论分析的基础上充分结合大区销售公司的现实情况进行案例分析与实证研究。研究结论如下：

第一，从我国成品油整体物流一体化协同来看，根据成品油销售企业物流一体化协同管理的问题及物联网四层架构，本书构建基于协同效应的物流一体化协同模型，将一体化协同分为信息协同、技术协同、管理协同和服务协同四个层面，运用序参量方程分析发现，信息协同在系统中起到主导力量，是整体系统的序参量。因此，成品油销售企业的现代物流系统在构建和后期的改进过程当中，应该着重考虑信息协同进行推进。

第二，从成品油物流内部一体化协同来看，根据成品油物流系统的功能，可将成品油物流内部一体化协同系统划分为成品油运输子系统、库存子系统、配送子系统和物流信息子系统，并对四个子系统进行优化。对运输子系统的优化通过发现运输中的问题，构建出成品油的运输体系，对其路径进行优化；对库存系统的优化，重点探索了成品油销售企业基于数据驱动的一体化库存控制优化，探讨了油库流量预测模型，CLIP 集成模型以及 XBAR 数据控制线在库存一体化管控中的应用；对配送系统的优化从配送方式、配送组织、配送信息和油库布局四个层面进行了优化；信息系统优化主要基于物联网技术，提出构建物流信息系统的策略，对物流信息系统进行了进一步优化。

第三，从成品油物流纵向一体化协同分析，本书研究了成品油纵向一体化协同问题。先运用 VAS 增加值法对成品油纵向一体化程度进行测算，VAS 增加值法结果表明我国成品油销售企业纵向一体化程度是下降的，实现了完全一体化。再运用 P-R-M 原油生产环节法对纵向一体化程度进行测算，研究结果表明我国成品油销售企业基本实现了炼销一体化，但是产炼一体化程度是逐年下降的，需进一步进行调整。

第四，从成品油物流横向一体化协同分析，成品油横向一体化协同即在物流领域与第三方物流企业合作，达成战略联盟，本书从客户服务能力、财务管理能力、企业运营能力以及安全管理能力四个维度建立评价指标体系，采用层次分析法对第三方物流商进行了评价，并利用逼近理想排序法对第三方物流服务商评价进行算法排序，确定在实际的工作中应选择的第三方物流商。

第五，本书在实证研究的基础上，从管理保障、信息化保障、人力资源保障、成本管控保障和风险管控保障五方面提出实施成品油销售企业物流一体化协同的保障措施。

目　　录

第一章　绪　　论

　　国务院在关于物流业发展的中长期规划中指出，物流业是支撑国民经济发展的基础性、战略性产业，到 2020 年要建成布局合理、绿色环保、便捷高效、技术先进、安全有序的现代物流服务体系①。随着全球经济一体化的发展，过去传统的物流设计和运营技术已经无法满足复杂多变的商业环境和经济市场。由于商业环境的瞬息万变给物流行业带来诸多挑战，这些挑战因为供应链的全球化、商业产品周期的缩短、终端客户的差异化和物流速度的提升而更加复杂。因此，建设现代物流需要广泛应用信息技术和供应链管理，而物联网技术的出现为现代物流的信息化管理带来了根本性的改变，物联网运用互联网为基础，通过红外识别、卫星定位、云计算方法等，使包括使用者和物体的终端都能互相连接，增加终端间的透明度和决策能力。因此，基于物联网的现代物流对生产流通企业的竞争力的提升是不可或缺的部分②。

　　随着我国经济的持续增长，石油消费量一直在稳步提升。而全球经济发展使石油市场的竞争日益激烈，成品油销售企业迫切需要谋求更加合理的管理方式、更加高效低成本的运营模式来增加竞争力③。在我国，虽然土地幅员辽

　　① 尹国君，王耀中，彭建辉. 我国现代物流业集聚发展对策研究[J]. 经济纵横，2016(11)：48-51.
　　② 宋琪，王宝海. 基于 VAR 模型的物流业增加值与经济增长的实证分析[J]. 统计与决策，2016(1)：142-146.
　　③ 郝丽莎，赵媛. 中国石油资源利用的区域经济效应差异分析[J]. 自然资源学报，2016(2)：187-201.

阔,但是石油开采和加工呈现区域集中的情况,主要集中区域在东部,中西部的石油开采和深加工都为辅助梯次,因此,成品油(汽油、煤油、柴油)采购和销售面临的是跨区域的竞争,物流效率必然影响竞争优势的体现。物联网技术的发展,正好契合了现代物流发展目标的要求,将网络化、实时化、自动化、智能化融入物流管理中,对成品油销售企业降低物流成本、提高企业竞争力提供有利条件。

一、研究背景与意义

1. 研究背景

(1)从全球物流面临的挑战看:物流的"成本控制""物流可视化""物流准确性""物流时效"以及"多式联运"将是物流产业发展面临的主要挑战①,如图1-1所示。而实践证明:以大数据、云计算等现代信息技术为依托的物流一体化是世界物流业的发展趋势,是物流从业者共同追求的目标,已成为全球物流业提质增效、转型发展的新动能。

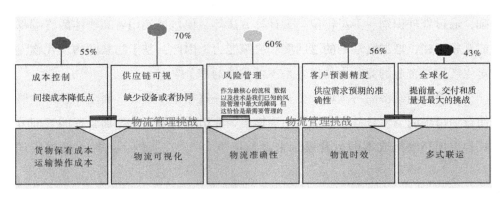

图 1-1 全球物流面临的挑战

① 樊一江,谢雨蓉,汪鸣. 我国多式联运系统建设的思路与任务[J]. 宏观经济研究,2017(7):158-165.

（2）从我国物流业发展层面看：当前，我国的物流行业仍然存在市场环境差、市场化程度低、仓储发展不足、基础设施落后、供应链效率低的五大结构性矛盾①，只有突破这五大结构性"梗阻"，才能实现物流这一经济"大动脉"的通畅运行。而我国的物流行业整体呈现集中度低、效率低、成本高、发展不均衡、现代化水平刚起步特点，与发达国家比相差甚远，难以支撑人民生活需求的发展，特别是电子商务的飞速发展②，如图1-2所示。

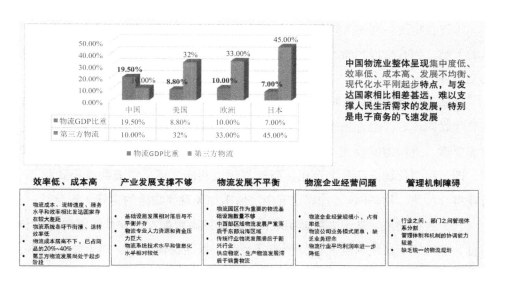

图1-2　中国物流业整体呈现出的问题

（3）从技术多元发展层面看：现代物流迎重重利好，生态链构建将成主攻方向。作为工业4.0的重要组成部分，基于物联网的发展，物流现代化将实现

① 王文举，何明珂．改革开放以来中国物流业发展轨迹、阶段特征及未来展望[J]．改革，2017（11）：23-34.
② 陈建中．全面提升流通现代化水平的积极探索[J]．中国流通经济，2013，27（11）：11-13.

物流过程的智能化运作①，运用全球定位、传感器、射频识别、条形码等成熟的物联网技术，以信息交互为核心，集成人工智能技术、信息化、自动化，经由优化资源、优化物流以及集成信息，使非油品和油品的装卸、包装、仓储、运输、配送等物流环节实现高效率管理并进行自动化运作。并且，2018 年 3 月 16 日首个"湖北造"天基物联网组建工作已经启动，分三个阶段逐步建设系统，通过发射 80 颗小卫星最终打造覆盖全球的天基物联网。

在技术的引导下，未来物流将会是：

①智慧物流：利用大数据、云计算和人工智能技术，使物流系统可以仿照人的大脑，拥有推理判断、学习、感知、思维和自动解决物流系统出现的问题的全过程。

②基于物联网的高效物流：依托快速发展的云计算、大数据、标志识别技术和物联网技术，融合物流与物联网，以完善物流环境、更新物流体系、优化物流要素、重构物流模式等方式来进行现代物流产业的升级和转型。详细来讲，即运用现代物流信息平台化、商流与物流共同变革、物流共享模式加速、行业整合加速、物联网+云计算这五个层面来加速现代物流的良好运作。

③大数据物流：基于大数据实现社会资源的高效配置，并且使协同运作和信息共享贯穿于现代物流产业每个流通环节，提高物流效率，降低物流成本，实现整个物流生态体系的良好运作。

④物流生态体系：这直接关系着物流可持续发展的实现，目前，物流的发展已在重点关注生态系统的建设，在绿色高效的倡导下，未来现代物流的发展会将生态系统作为核心竞争力，因此"供应链+""电商+"将是大势所趋。

由此可见，科学技术在相对较短的时间内发生变化会急剧增加物流服务市场竞争环境的复杂性和动态性。物联网和信息技术的普遍应用，使企业经营的"空间"也在日益浓缩，并促使客户需求和成本结构变化得很快，迫切需要企业灵活地、敏捷地应对客户需求，因此构建智慧物流体系将是一种有效的商业

---

① 任颖洁. 基于物联网技术的制造业与物流业联动发展——以陕南为例［J］. 社会科学家，2017（9）：81-86.

战略和具体运作方法。

（4）从成品油销售企业的改革创新层面看：直面低油价挑战，开源节流、降本增效、深化改革。目前国内大型石油石化企业不断改革成品油产销体制机制，再加上政府不断深化国有企业的转型升级，逐步开始建立现代物流网络体系，物流一体化也开始发展起来，已形成了以炼化企业（成品油生产中心）、大区销售公司负责成品油一次物流配送（物流、结算中心）、省区销售公司负责二次物流和终端销售（销售中心）三位一体的成品油产运销供应链体系①。从应用实践角度看：成品油物流的系统运行效率是一个涉及物流体系构建、物流成本核算、物流路径规划、库存合理管控的综合性问题②。

"十二五"时期以来，国内大型石油石化企业都在积极落实国家"两化"深度融合战略，加大新技术应用，大力推动信息化与石油/石化工业化深度融合③。重点落脚在："以 ERP 为核心的经营管理平台"、"以 MES 为核心的生产营运平台"、"以智能制造为核心的基础设施和运维平台"，尤其是成品油生产、销售企业"以智能制造为主攻方向，推进智能生产、现代物流、智慧加油站的综合建设"，如图 1-3 所示。

一直以来，国内大型石油石化企业把成品油销售业务的信息化和专业化看作现代物流的两条腿④。以中国石油为例，近年来，为推进物流改革，企业积极探索，已在"主动配送、创新补货制度、集成信息系统、搭建风险综合管控体系"等领域做出了大量探索，在合理安排库存、统筹使用库容的能力、实现资源与需求匹配、降低物流成本、减少季节性波动、化解地域性矛盾等方面取得了一定的成效。

然而面对国际油价低位徘徊、国家原油进口政策全面放开等复杂形势，加

---

① 邸丛颖，田立新. 成品油供应链优化模型研究[J]. 统计与决策，2007(17)：56-57.

② 刘琼，杨建华. 成品油物流体系优化的系统动力学思考[J]. 中国管理信息化，2016，19(7)：167-171.

③ 戴厚良. 把握技术发展趋势 加快两化深度融合[J]. 当代石油石化，2014，22(8)：1-7.

④ 依绍华. 关于我国物流业发展若干问题的思考——对当前降低物流成本减轻企业负担的几点建议[J]. 价格理论与实践，2016(9)：29-31.

图 1-3　成品油智能生产、现代物流、智慧加油站的综合建设蓝图

之"大智移云"等新兴技术引领传统产业升级，以物联网技术、云计算等信息技术为基础的高效物流催生"物流现代化发展"，成品油销售企业急需直面低油价挑战，开源节流、降本增效、深化改革，其中一项重要的任务便是通过物联网技术对传统的物流现状进行改造，加快打造高效的成品油物流现代化体系。

2. 研究意义

（1）理论意义。

随着我国成品油零售市场的对外开放，国际知名的石油品牌企业均对中国市场进行投资，美孚、壳牌、道达尔等均通过合资合营、联营或独资方式进入了我国市场，国内市场的竞争格局正在发生显著变化，竞争对手数量的增加、资源数量的多元化使成品油销售企业的竞争压力进一步增加；随着这些外资品牌的进入市场，普遍注重建立先进的物流管理体系，这也要求我国的成品油销售企业加快建立更加完善的成品油物流体系来应对市场的激烈竞争。

本书基于前人对国内外成品油物流一体化协同理论的研究成果，在理论体系中加入协同学理论，建立了成品油物流一体化协同理论框架。并基于协同理论，从信息协同、技术协同、管理协同和服务协同四个方面建立基于协同效应模型的物流一体化协同模型，为今后的研究拓展了新的研究方向。因此，本研究具有一定的理论价值。

（2）现实意义。

随着国内经济社会的稳步发展，成品油消费总体呈现稳步增长态势，受我国地区经济发展不平衡的影响，成品油消费量也呈现出明显的地域差异，华东、华南、环渤海等经济发达地区以及西南区域明显高于华中、华北及西部，部分经济发达地区虽有炼化企业，但远远不能满足当地市场需求，需要大量远距离运输，即呈现了"西油东送、北油南运、周边调配"的格局，影响物流调运规模总体较大，而在消费量较大的长三角、珠三角和环渤海等经济发达地区的仓储建设不足，导致国内成品油仓储设施的利用率不均衡，不仅增加了生产的难度，同时也增加了物流成本。

围绕产业链价值最大化，成品油销售企业迫切需要谋求更加合理的管理方式、更加高效低成本的运营模式来增加竞争力。针对物流一体化协同的研究，正好契合了现代物流发展目标的要求，将网络化、实时化、自动化、智能化融入物流管理中，对成品油销售企业降低物流成本、提高企业竞争力提供有利条件。并且，成品油销售的物流不是单一的配送流程，还包括接卸、运输、调度、仓储等环节，各环节紧密结合成一个完整的物流体系，本书将 X 集团大区销售公司作为研究对象，提出其物流一体化协同发展的方向，建立物流一体化协同网络体系，因此，可将实践的经验向其他区域销售公司推广，为其提高物流管理效率、降低物流运营成本有着较大的现实意义。

二、国内外研究现状

（一）国外研究现状

1. 物流一体化研究现状

20 世纪以来，随着国际贸易的快速增长，极大地促进了现代物流一体化的发展，学者开始深入研究物流一体化的现状，国外的研究主要从以下三方面展开：

关于物流一体化的发展背景研究。Khan 等（2016）根据供应链和物流链的相互融合的过程以及物流一体化的特点，建立了两个产业链融合发展的理论模型，对产业链的集成领域展开了深入的分析①。Prajogo（2016）通过利用资源基础理论以及波特五力模型，从两个模型和物流一体化的联系着手，建立了研究的理论模型，深入探讨了企业实现物流一体化与其经营性指标的关系②。

物流一体化的信息技术应用的研究。Mandal 等（2017）通过对专业的 339名物流从业人员的问卷调查，利用结构方程模型对物流人员的能力进行测算，充分肯定了有关因素对物流一体化运营效率的关联程度③。Jaradat 等（2017）通过探讨物流系统构建方法与物流一体化管理之间的差异与共性，验证了公司之间进行一体化的过程中价值创造的耦合性④。Beti 等（2017）探讨了欧盟国家物流一体化发展的历程，并研究了欧盟的新成员国家加入欧盟后物流一体化的变化状况，他认为要解决欧盟各国之间存在的文化差异，有必要采取现代物流一体化的方式，实现各国协同发展⑤。

关于物流一体化发展的影响因素研究。Cutrim 等（2017）研究了巴西的物流发展现状，他认为巴西应通过公路运输、管道运输、水路运输等运输方式的

---

① Khan S A R, Dong Q L, Yu Z. Study of Logistics and Manufacturing Industry Integration from the Perspective of Pakistan[J]. International Journal of Engineering Research in Africa, 2016, 24：172-180.

② Prajogo D I. Supply chain processes：linking supply logistics integration, supply performance, lean processes and competitive performance[J]. International Journal of Operations & Production Management, 2016, 36(2)：220-238.

③ Mandal S, Bhattacharya S, Korasiga V R, et al. The dominant influence of logistics capabilities on integration：empirical evidence from supply chain resilience[J]. International Journal of Disaster Resilience in the Built Environment, 2017, 8(1)：2-9.

④ Jaradat R, Adams F, Abutabenjeh S, et al. The Complementary Perspective of System of Systems in Collaboration, Integration, and Logistics：A Value-Chain Based Paradigm of Supply Chain Management[J]. 2017, 5(4)：50.

⑤ Beti G, Robert V, Radosavljević M. Consequences of Integration Proceses in Europe：Sector of Logistics Services[J]. Economic Themes, 2017, 55(1)：71-87.

物流整合，来实现海陆模式转型的目标①。Wu Z D 等（2017）运用主成分分析法探讨了影响物流一体化的相关因素，并根据相关的量表，构建了有关的指标评价体系，目的是寻找对物流一体化影响最大的因素②。Huo 等（2017）基于资源依赖理论和交易成本理论，通过分析机会主义在物流一体化的形成过程中发挥的作用，指出法律不可保护性和环境的不确定性对物流一体化产生的影响③。

2. 物流协同研究现状

国外对物流协同的分析主要从供应链协同的角度进行。

Schendel 和 Hofer 是最早提出了协同作用，认为协同作用是个体独立成分聚合所产生的共同作用，强调协同作用要素之间合作的重要性。日本著名的管理专家 Itami H（1987）认为协同效应由"协同效应"和"互补效应"两个层面组成，他认为协同能够使企业之间相互拥有的资源发挥出最大的价值，得到很大的效用，并且他将企业资源划分为隐形资源（管理方式、企业价值、企业文化、顾客满意、企业品牌等）和显性资源（技术、厂房、员工、各种生产所需的要素等），提出隐形资源能够最大限度地实现协同效应，同时，利用企业的隐形资源可以实现"协同效应"，而利用企业的显性资源可以实现"互补效应"。

在关于供应链协同建模研究中，主要是对重要影响因素实行预测和评估，了解当某些因素和参数发生改变时，对供应链协同是如何产生影响的。同时，有必要找出实际供应链能够改进的方面，以提高供应链的运行效果。Robert M 和 Kenneth J（2005）提出许多组织都打算将供应商整合到其主要供应链的过程中，以获得竞争优势。这不可避免地要求更多的公司和它们自己的供应商在战

---

① Cutrim S S, Robles L T, Galvao C B, et al. Domestic short sea shipping services in Brazil：competition by enhancing logistics integration［J］. International Journal of Shipping & Transport Logistics，2017，9(3)：280.

② Wu Z D, Han X Y, University S N. Evaluation on the Developing Level of the Urban-Rural Logistics Integration Based on Factor Analysis Method：Liaoning Province As an Example［J］. Jiangsu Commercial Forum，2017.

③ Huo B, Wang Q, Zhao X, et al. Barriers to third-party logistics integration：Empirical evidence from China［J］. Industrial Management & Data Systems，2017，117(8)：1738-1760.

略和运营层面进行协作，通常包括协作规划。信息技术的优势使企业能够更快、更容易地共享信息①。Marios C 和 Bernhaxd J（2006）认为如果供应链成员想要保持一定程度的个性化，商业目标、竞争目标和核心运营策略必须与供应链紧密联系。公司之间的合作水平越高，集成控制的程度就会越高，信息延迟就会越少，库存风险就会持续下降。合作水平能够衡量供应链与个体成员之间的协调程度②。

3. 现代物流文献计量与共词分析

本研究在 Web of Science 中以"logistics"为关键词进行检索，限定检索范围为 WoS Core Collection，对 1990—2018 年的相关研究进行检索，文献总量为258 篇，按照发文数量和时间的相关关系进行文献统计，具体如图 1-4 所示：

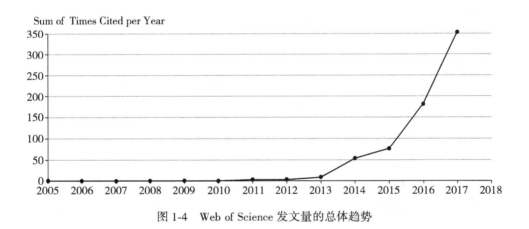

图 1-4 Web of Science 发文量的总体趋势

从文献时间上来看，随着计算机技术和信息网络的发展，自 2000 年以后，有关现代物流的研究开始迅速发展并在 2017 年受到重视和关注（数量大幅

① Kenneth J Petersen, Gary L Ragatz, Robert M Monczka. An Examination of Collaborative Planning Effectiveness and Supply Chain Performance［J］. Journal of Supply Chain Management, 2005, 41(2): 14-25.

② Bernhard J. Angerhofer, Marios C. Angelides. A model and a performance measurement system for collaborative supply chains［J］. Decision Support Systems, 42 (2006): 283-301.

上升）。

为更准确地分析"logistics"的研究重点，研究运用知识图谱软件 CiteSpace 进行文献计量与共词分析。基于上述来自 WoS corecollection 的 258 篇研究文献，采用图谱修剪算法（Pruning）的 Pathfinder 裁剪方法，对 2005—2018 年的发表研究进行可视化分析，共得到 41 个关键词节点以及 145 条关键词间连线，实现了从研究主题的关键词图谱以及研究主题的时间演进图谱的文献可视化展示，如图 1-5 和图 1-6 所示。

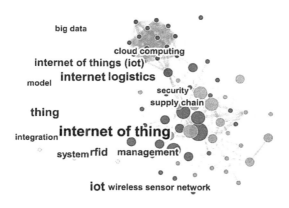

图 1-5　关键词共现知识图谱

从图 1-5 可以看出，在关键词分析中，研究的重点集中在现代物流对特定行业的影响上，比如对冷链行业和智慧家庭建设这样特定产业的研究，图中"internet of thing""supply chain"出现的次数很高，分别为 96 次、39 次，出现的初始年份分别为 2010 年①、1998 年②。并且出现了"大数据（bigdata）""云计算（cloudcomputing）"对整个研究的影响。

———————————

　　① Atzori L, Iera A, Morabito G. The Internet of Things：A survey［J］. Computer Networks，2010，54（15）：2787-2805.

　　② Tu M，Ming L，Ming K. Lim，Yang M F，IoT-based production logistics and supply chain system-Part 1：Modeling IoT-based manufacturing supply chain［J］. Industrial Management & Data Systems，2017，118（1）：65-95.

图 1-6 研究关键词时间演进图谱

从图 1-6 的时间轴可以看出，从 2016 年开始，由于研究数量的增加，基于大数据建设的智慧家庭和物联网的研究开始增加；同一时期，研究对物流效率要求较高的冷链行业也有关注。

（二）国内研究现状

1. 物流一体化研究现状

目前我国学者对物流一体化的探讨主要从理论指导方面入手。傅亮、曹牧、李蓬实（2012）总结了国外企业在供应链管理中的经验，通过对比分析，最后归纳出成熟的管理成果以供现代物流企业借鉴[①]。蔡晓莹（2013）认为必须通过规模化、社会化和网络化将物流一体化与其紧密结合起来，只有这样才可以使物流一体化实现快速发展[②]。王蓓（2013）认为企业要清楚地意识到自身的

---

① 李蓬实，曹牧，傅亮．浅析国外企业供应链管理实践[J]．物流技术，2012（5）：107-109.

② 蔡晓莹．供应链一体化对物流管理产生的影响[J]．中国商贸，2012（6）：162-163.

实际状况，并依据实际状况去选择物流一体化的形式，而不是盲目地进行追随①。赵俊卿（2013）借鉴国内外关于物流一体化的成功经验，提出了在我国应该如何发展物流一体化，走什么样的道路才是最适合企业自身发展的建议②。汪娅（2013）将物流一体化的发展概括为三个步骤，探讨了第四方物流企业、第三方物流企业的定位如何紧密联系物流一体化，才能达到自身的快速发展③。郑成宏（2013）认为，每一个企业物流持续发展的重要标准是建立可评估的物流一体化标准。占维（2014）在其研究中主要分析在经济快速发展的背景下，企业如何提高物流一体化水平，从而增强现代物流管理的能力④。总结上述的文献研究发现，大多研究以宏观为研究视角，从整体的角度提出企业物流一体化发展的方向，对每一行业中的企业的物流一体化发展提供了方向，发挥了很大的指导作用。然而从整体来看，这些研究并不深入，仅仅从理论层面对物流一体化进行研究，缺乏对某个具体行业或企业的指导性意见。

一些学者针对某一行业或领域展开了相关阐述，其中代表性的成果有：陈敬华（2012）运用案例研究法指出自动化和智能化的控制技术在物流一体化的发展中发挥着至关重要的作用⑤。孙浩杰、董千里和李毅斌（2012）从管理和技术两个层面探讨物流一体化的协同程度，并提出具体的策略，提高其服务的水平⑥。叶志勇（2013）研究探索了烟草业综合物流管控平台，认为烟草行业已经实现了物流业务的智能化处理，但是仍需进一步提高物流一体化程度⑦。王于

① 王蓓．现代企业物流一体化运作模式研究［J］．物流技术，2013（32）：58-60.
② 赵俊卿．企业物流一体化建设研究［J］．现代经济信息，2013（3）：54.
③ 汪娅．我国物流一体化进程中3PL和4PL的角色扮演［J］．物流科技，2013（3）：98-100.
④ 占维．供应链一体化下的企业物流管理［J］．商场现代化，2014（17）：61.
⑤ 陈敬华．石油商品仓储物流管控一体化的建设［J］．科技传播，2012（7）：30-31.
⑥ 李毅斌，董千里，孙浩杰．基于流程管理的物流服务供应链运作协同研究［J］．物流技术，2012（9）：174-177.
⑦ 叶志勇．烟草商业物流一体化管控平台的研究与探索［J］．计算机系统应用，2013（22）：58-61.

猛(2013)提出可以将中国现有的分销商整合在一起,对物流集团进行整体管理①。李瀑(2014)在整理我国法律法规的基础上,从信息平台建设、人才培养、物流服务水平的提高、第三方物流的发展等层面指出企业物流一体化发展的保障措施②。杜娜娜(2014)提出电力企业在其物流一体化的进程中存在的问题,并从这些问题入手,对电力企业提出了具有针对性的建议。

2. 物流协同研究现状

近年来,物流协同理论与方法的研究得到了迅速发展,供应链协同是供应链理论发展和创新的产物。

熊励、陈子辰和宁方华(2006)分析了熵理论在物流协同中的运用,建立了物流协同的运行熵和网络结构熵的理论框架,并指出它可以提高物流网络的有序度和协同效率③。张伟、黎杰(2006)指出各个企业要有战略联盟的意识,形成物流战略为依托的战略合作模式,这样的联盟一般出现在物流外部一体化中,即横向一体化和纵向一体化中④。徐青青、缪立新、李家齐(2006)提出了区域物流协同的微观内涵和宏观内涵。微观内涵是指企业在物流一体化思想的指导下,物流子系统(仓储子系统、运输子系统等)之间的协同,或者是物流各个环节上的衔接;宏观内涵是横向或纵向的物流产业间的协同,即各个物流企业之间达成合作,通过联盟、兼并等手段实现物流一体化协同⑤。杨浩雄、何明珂(2006)将供应链上物流节点作为一个核心命题展开研究,提出在供应链的物流节点上存在委托—代理问题,企业要基于信息共享,建立物流一体化

① 王于猛. 分销商商贸与物流一体化模式构建的探讨[J]. 中国商贸,2013(32):164-166.

② 李瀑. 电子商务与物流一体化模式的探讨[J]. 中国商贸,2014(13):151-152.

③ 宁方华,陈子辰,熊励. 熵理论在物流协同中的应用研究[J]. 浙江大学学报(工学版),2006(10):1705-1708,1782.

④ 黎杰,张伟. 中小制造企业协同物流问题的研究[J]. 黑龙江对外经贸,2006(8):56+70.

⑤ 徐青青,缪立新,李家齐. 区域物流及协同化趋势[J]. 中国物流与采购,2006(7):68-70.

协同的激励模型，企业间实现信息共享可以很大程度上提高物流一体化协同的效率①。李希成、林云（2007）指出物流的产业子系统、功能子系统和企业子系统三方面共同构成了区域物流协同的理论体系②。

3. 现代物流文献计量与共词分析

本研究在中国知网 CNKI 中以"现代物流"为关键词进行检索，限定期刊为来源，对 2005—2018 年的相关研究进行检索，文献总量为 263 篇，按照发文的数量与时间的相关关系进行文献计量，具体如图 1-7 所示：

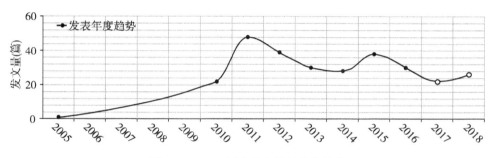

图 1-7　CNKI 中国 发文量的总体趋势

从时间上来看（见图 1-7），我国对现代物流的研究同国际相同，是从 2005 年开始增加，并在近年呈稳定的趋势。

为能更准确地分析"现代物流"的研究主题与研究热点，本研究运用知识图谱软件 CiteSpace 进行文献计量与共词分析。基于上述来自期刊的 263 篇研究文献，对 2005—2018 年发表的研究进行可视化分析。从研究主题的聚类图谱以及研究主题的时间演进图谱进行可视化分析，如图 1-8 和图 1-9 所示。

---

① 杨浩雄，何明珂．基于物流信息共享的供应链物流中节点企业协同行为的激励机制研究［J］．北京工商大学学报（社会科学版），2006（1）：22-26，37.

② 李希成，林云．基于区域经济的协同物流系统研究［J］．中国储运，2007（1）：119-120.

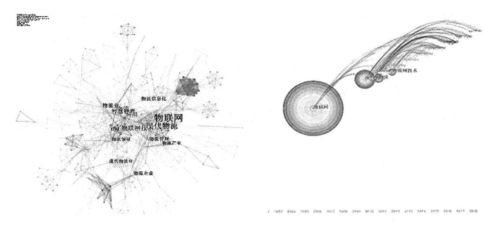

图 1-8 关键词聚类图谱 图 1-9 研究主题时间演进图谱

从图 1-8 可知，在关键词分析中，目前研究的重点在于大数据对现代物流的影响方面，包括物流管理、物流信息化建设、智慧物流等方面，这些研究并非现代物流的单一方面，而是构成现代物流行业的各个要素，因此研究多存在相互影响和相互印证的关系。如物流信息化对物流管理有着相互正影响的作用，智慧物流是基于物流信息化建设程度和物流管理优化的协同发展。但是，由关键词聚类可以发现，"现代物流"尚未明确运用到某一产业，对于产业发展的作用并未有研究可以体现。从图 1-9 的时间演进图谱中，可以更加明显看到此研究的缺失，这与本研究在检索目前已有研究时的结论相同。

(三)研究发现的问题

通过总结国内外相关研究，针对成品油销售企业物流一体化协同的研究存在以下问题和不足：

(1)现代物流领域专门针对物流一体化协同的研究比较鲜见，大多研究集中在区域物流企业间的协同、供应链协同等领域，从宏观层面展开相关研究，专门从物流企业本身从物流外部一体化协同和物流内部一体化协同展开研究的更是寥寥无几；且有关物流系统协同的研究都较为分散，没有科学和统一的标准。不管是在物流系统协同性和协同机制的研究上，均是泛泛而谈，没有从协同理论的角度分析物流系统平衡状态，以及影响系统协同运作的序参量，更没有针对物流系统建立序参量方程。

（2）已有的研究对物流一体化的研究并未从物流内部一体化协同和物流外部一体化协同两个角度进行深入研究，对于物流系统协同性的研究目前仅停留在定性分析上，未从物流的配送、运输、库存、信息管理等方面建立模型，对其进行优化。

现代物流企业在运营的过程中通常会制定一个明确的目标：如更低的物流成本、高效的物流管理部门、更少的物流响应时间、精确的需求预测和可靠的信息获取等，但是在实际的运营过程中会出现以下问题：缺少系统的监管、运输或仓储时间的延迟、供应链上下段缺乏有效合作等。基于此，本研究针对成品油销售企业现代物流一体化协同发展这一核心命题展开研究，通过分析成品油物流系统的发展现状、存在的问题，结合协同理论、物流冰山学说理论、第三利润源理论等，阐述成品油物流系统的功能、构成要素和特点，制定成品油物流系统的构建原则，探讨成品油销售企业物流内部一体化与外部一体化协同的内涵、协同的目标与原则和协同的内容，建立基于协同效应模型的物流一体化协同模型，求解平衡点和稳定条件；物流内部一体化协同构建了成品油物流的运输系统、库存系统、配送系统以及信息系统，从这四个方面对物流内部一体化协同进行优化研究；物流外部一体化协同从成品油纵向一体化协同和横向一体化协同两个角度进行了详细的解析。研究将理论与实践有效结合，在理论分析的基础上充分结合 X 集团大区销售公司的现实情况进行案例分析与实证研究。

三、研究内容和方法

（一）研究内容

本研究以"成品油销售企业物流一体化协同研究"为核心命题，在前述对国内外相关文献的计量与共词分析中发现，本研究是当前国内外研究的热点与焦点问题，研究需要进一步厘清成品油销售企业如何实现现代物流一体化协同。为此本研究将从如下方面进行深入且系统的研究：

第一部分为绪论，主要介绍了研究背景和意义，国内外成品油物流一体化协同的研究现状，以及本书的研究内容和方法。在国内外研究现状的分析中，运用文献计量与共词分析指出，找出在成品油销售企业物流一体化研究中存在的理论空白点，本研究是当前国内外相关研究的热点与焦点问题。成品油物流作为隐藏在成本下的"冰山"，成为成品油销售企业价值增值的主要途径，建立物流一体化协同系统，对增强成品油销售企业的核心竞争力有着至关重要的作用。

第二部分为成品油销售企业物流一体化协同基本概念界定和相关理论基础，在文献计量与共词分析的基础上，进一步介绍了物流一体化及协同的概念界定，并分析在本书中支撑后续研究的理论。

第三部分是成品油销售企业物流发展现状，首先分析 X 集团大区销售公司的基本情况；其次对成品油物流系统的介绍，分析了成品油物流系统的构成要素、功能和特性；最后进行成品油销售企业与现代物流企业及物流一体化建设要素的对标分析，进一步得出成品油销售企业物流现代化发展程度，以及亟待改进的问题。

第四部分利用协同效应理论，探讨成品油销售企业物流内部一体化与外部一体化协同的内涵、协同的目标与原则和协同的内容。

第五部分从技术协同、信息协同、服务协同和管理协同四方面建立基于协同效应模型的物流一体化协同模型，求解平衡点和稳定条件。

第六部分针对物流内部一体化协同的内容，构建了成品油物流的运输系统、库存系统、配送系统以及信息系统。运输系统的优化：在详细对比不同运输方式的基础上，对运输方式的选择进行了探讨，分析各种运输方式的成本及损耗等问题，同时针对成品油运输中出现的一系列问题，提出不同的优化措施。库存系统的优化：研究基于物流一体化的思路着重对成品油销售企业库存控制系统进行了深入剖析，系统分析了一体化库存控制系统的组成，结构以及协同控制模型，重点探索了成品油销售企业基于数据驱动的一体化库存控制优化。配送系统的优化：基于成品油物流配送的特性，对成品油物流配送的概念进行了解析，结合成品油配送中的一次配送和二次配送的不同，分析成品油销售企业配送的现状，优化成品油销售企业的配送业务流程。信息系统优化：依据我国云计算、大数据、物联网技术和人工智能技术的发展，对成品油销售企业构建物流一体化信息系统的必要性进行了探讨，在此基础上，对成品油销售企业目前已有的物流信息系统进行优化，并提出了企业建立物流一体化信息系统的策略。

第七部分将物流外部一体化协同分为物流纵向一体化协同和物流横向一体化协同进行优化。物流纵向一体化协同优化：先运用 VAS 增加值法对成品油纵向一体化程度进行测算，VAS 增加值法结果表明 X 集团大区销售公司的纵向一体化程度是下降的；再运用 P-R-M 原油生产环节法对纵向一体化程度进行测算，研究结果表明 X 集团大区销售公司实现了炼销一体化，但是产炼一体化程度是逐年下降的，需进一步进行调整。物流横向一体化协同：成品油横向一体化协同即在物流领域与第三方物流企业合作，达成战略联盟，本书采用层次分析法对第三方物流商进行了评价，确定在实际的工作中应选择的第三方物流商。

第八部分制定了成品油物流一体化协同实施的保障措施，从管理保障、信息化保障、人力资源保障、成本管控保障和风险管控保障五方面深入进行研究。

第九部分为基本结论与展望。

(二)研究方法

(1)文献计量与共词分析：本研究基于成品油销售企业物流一体化协同研究这一核心命题，对物流一体化、物流协同等方面对国内外近 10 年的相关研究进行系统的梳理与总结，不仅为本研究提供相关的参考，而且为本研究奠定文献分析基础。通过文献计量与共词分析指出，其一，本研究是当前国内外相关研究的热点与焦点问题；其二，物流一体化协同的相关研究尚未应用于某一产业，对于产业发展的作用研究尚属空白。为此，文献计量与共词分析为本研究奠定文献分析基础，并为本研究的深入进行做好前期铺垫。

（2）对比分析法：本研究应用对比研究法，对成品油销售企业与现代物流企业以及物流一体化建设要素进行对比分析。应用对比分析能够进一步厘清成品油销售企业现代物流发展程度，以及对发展需求进行明确，并能够揭示成品油销售企业在现代物流一体化体系构建中的关键问题。

（3）序参量方程分析法：针对成品油销售企业现代物流协同一体化的问题，本研究应用序参量方程分析方法，对协同一体化物流系统的协同性和稳定性进行分析，进一步揭示影响成品油销售企业现代物流协同一体化协同性与稳定性的关键序参量，为后续研究奠定序参量对物流系统稳定性和涨落性的理论分析基础。

（4）启发式算法定量分析法：针对成品油销售企业物流内部一体化协同的库存控制优化环节，由于呈现出多元、不确定性和数据量大的特征，现有的数学模型，难以获得显性的解析解，此外一般的模型算法会呈现维度灾难，只有通过设计相应的启发式算法，获得库存控制中的渐进最优解，启发式算法的设计，不仅能够从理论层面解决这一难题，更能够为实践提出相应的指导。

（5）P-R-M原油生产环节法：本书利用原油生产环节计算成品油销售企业纵向一体化程度，先测算产炼一体化，即测算原油生产和原油加工之间的纵向一体化水平；再测算炼销一体化，即测算原油加工和成品油销售间的纵向一体化水平。

（6）层次分析法：层次分析法是定性和定量相结合的层次化、系统性多目标决策分析方法，广泛应用在评价、规划、决策等领域。本书为更加真实利用评价指标体系对第三方物流服务商进行评价，利用层次分析法对综合评价体系指标的权重进行测算，测算方法较为直观，具有较强的操作性和实用性。

四、技术路线

依据研究的主要内容，研究主体内容由七部分组成，研究将理论与实践有效结合，在理论分析的基础上充分结合 X 集团大区销售公司的现实情况进行案例分析与实证研究，本书技术路线如图 1-10 所示。

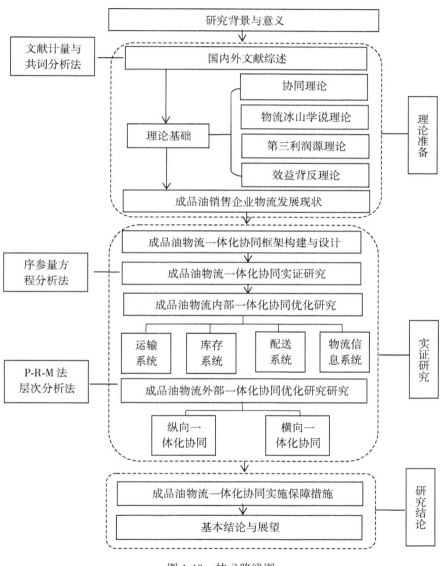

图 1-10　技术路线图

第二章 基本概念与相关理论基础

一、基本概念

(一)物流与现代物流

1. 物流

美国最早提出了物流的相关定义,将物流解释为"实物配送",后来日本的学者在此研究基础上,将物流定义为物与物之间的流通。中国在改革开放后才逐渐从国外引入物流的概念,在 1977 年《中国物流术语标准》中提出物流的内涵为:物流是物品在供应商到消费者之间的实物流通,并有机结合存储、运输、包装、装卸、流通加工、搬运、配送、信息处理和其他功能,满足消费者的现实需求①。

2. 现代物流的内涵与发展

现代物流不同于传统物流,在其基础上通过引入先进技术手段,对物流过程中的人员、服务、信息进行科学管理,从而达到降低成本、减少库存,提高物流配送准确率,加快物流运转速度的目的。作为一种新型集成式管理模式,它将信息、运输、仓储、库存、流通加工、配送、装卸搬运、包装等活动进行

---

① 田源,徐寿波,宋伯慧,等. 物流经济物流与经济发展关系研究[C]. 第七次中国物流学术年会,2008.

有机结合，从而形成完整的供应链和服务链，为顾客提供全方位、一体化的优质服务①。

现代物流是以满足客户需求为导向，对产品、服务和相关信息的存储和流动进行的计划、组织、实施、控制、反馈的过程；并把供应链上的制造、运输、配送、仓储、销售等环节进行综合考虑，其主要特征如表2-1所示。在深度和广度上又进一步拓展了传统物流的内涵和外延。

表2-1 现代物流的特征

序号	特征	描　述
1	物流服务系统化	强调通过功能之间的彼此内在联系，为达到整体活动最优基于功能有机整合而形成的系统化的物流服务
2	物流组织网络化	构建健全、完善的现代化物流网络体系，促使物流活动与信息在系统中的有效传递
3	物流响应快速化	实现响应速度快，周转率高
4	物流功能集成化	是新型集成式物流活动模式，实现物流渠道的集成，物流渠道与商流渠道的集成，物流与制造环节的集成，物流功能的集成
5	物流手段现代化	以信息网络技术为支撑，实现物流运作过程的信息化
6	物流作业规范化	强调功能、作业流程、作业、动作的标准化与程式化
7	物流目标整体最优化	从系统角度达到整体活动最优化

资料来源：根据文献整理所得。

由于物流行业在第三产业中占重要地位，物流业的发展不仅能使我国产业结构得到优化，并且能通过加快商品的流通缓解在国际贸易竞争下我国国民经济中的供求矛盾②。因此，自党的十八大以来，物流业进入了深化改革的阶

① 贺登才. 现代物流服务体系研究[J]. 中国流通经济，2010，11：45-48.
② 王文举，何明珂. 改革开放以来中国物流业发展轨迹、阶段特征及未来展望[J]. 改革，2017(11)：23-34.

段。国务院在《物流业发展中长期规划（2014—2020 年）》①中也指出，物流业是支撑国民经济发展的基础性、战略性产业，到 2020 年要建成布局合理、技术先进、便捷高效、绿色环保、安全有序的现代物流服务体系。随着物流现代化体系的基本形成，科学技术的大规模应用，物流专业化和体系化程度的提升，在商务部等五部印发的《商贸物流发展"十三五"规划》②中指出，"十二五"期间物流需求持续增加的同时，物流运行效率提升使物流费用呈下降的趋势。

然而，在取得以上成绩的同时，我国现代物流业的发展还没有完全克服传统物流业在分散化和条块上管理方式上的局限性。为了适应现代物流发展，需要从技术方面、信息方面、服务方面和管理方面协同发展（杨芃博，2014）③。由于物流行业面临供应商不确定性、制造商不确定性和客户需求的不确定性，其动态影响因素的复杂性使其对物联网的需求增加（Qu T，2016）④。随着国际分工精细化，电子商务迅速发展，现代物流由于直接关系到产品价值的实现程度、成本和效率（王娟娟，2016）⑤，其发展目标被设定为两点：第一，反应快速化，即物流的提供者对于配送需求的反应必须快速及时，提高配送间隔时间、配送速度和商品的周转速度；第二，现代物流需要将物流和供应链的所有环节尽量集中化，将物流中涉及的功能环节进行一体化的发展（李国旗，2013）⑥。

3. 传统物流与现代物流的区别

传统物流只是物品在仓储、包装、运输、配送等环节的地理转移，而现代

---

① 中央政府门户网站. 国务院印发《物流业发展中长期规划（2014—2020 年）》［EB/OL］. http：//www. gov. cn/xinwen/2014-10/04/content_2760366. htm.

② 中华人民共和国商务部. 商务部等 5 部门关于印发《商贸物流发展"十三五"规划》的通知［EB/OL］. http：//www. mofcom. gov. cn/article/b/d/201702/20170202511705. shtml.

③ 杨芃博. 基于供应链系统的企业物流管理研究［J］. 中国商论，2014（18）：153-154.

④ Qu T，Thürer M，Wang J，Wang Z，Fu H，Li C，Huang G Q. System dynamics analysis for an Internet-of-Things-enabled production logistics system［J］. International Journal of Production Research，2017，55（9）：2622-2649.

⑤ 王娟娟. 一带一路经济区现代物流体系构建［J］. 中国流通经济，2016（3）：25-31.

⑥ 李国旗. 区域物流一体化发展的动力及相互作用机制研究［J］. 华东经济管理，2013（6）：114-117.

物流利用信息技术的发展，引入一体化管理模式，利用智能化、信息化等对供应链的上下游进行拓展，具有符合标准的网络模式和物流流程。现代物流是在传统物流的基础上拓展其定义，延伸其产业链，将原有的企业物流转化为社会物流。主要区别如下：

一是现代物流与传统物流有着不同的侧重点。传统物流在流通的过程中并未与被服务企业进行实时互动，仅仅是将物品进行点对点的转移。而现代物流充分利用大数据、云计算等，实现了物流运输的可视化，并利用物联网技术对各个流通环节进行整合，极大地提高了服务质量。

二是在传统物流中，并未在仓储、运输等流通环节建立统一的规范，传统物流的目的仅仅是完成物品的空间转移。而在现代物流业中，国家制定了一系列的法律法规以及各个企业制定了物流运输的标准，使其在流通中更加科学化，并且企业根据物流标准进行运输、配送等，提高了物流运行效率，提高了顾客满意度。

三是传统物流只是成品的空间置换，依附于其他产业来发挥自身的作用，实现物流产业的价值。但是，现代物流将自身独立出来，不再作为附属产业存在，并且物流产业的发展会为被服务的企业增加其附加值，实现价值增值。现代物流产业提供的这些增值服务会使使用服务的企业获得很好的发展。

(二) 供应链管理

通过对相关文献的梳理发现，国内外学者对供应链管理的研究已经形成了较为成熟的理论体系。目前，国内外对供应链管理的研究基本涵盖了所有专业和学科，并且其定义和发展在较多的研究中进行了详细的阐述，这为运用供应链思想去研究成品油销售企业的物流一体化协同提供了理论准备。Handfield和 Nichols(1999)提出供应链管理是整合与供应链优化相关的活动，这对供应链的发展是有利的[1]。Simchi-Levil(2000)提出供应链管理是将制造商、供应

---

① Handfield R，Nichols E. Introduction to Supply Chain Management[M]. Prentice，Hall，1999.

商、运输、仓储等用合理的方法进行整合，使产品在正确的时间、正确的地点，以正确的数量进行销售，达到物流成本最小化和服务质量最大化①。马士华等(1998)提出可将供应链管理进行划分，第一种为需求方向供给方流动的前馈信息流，即消费者将自己的订货需求反馈给零售商，然后零售商向上级分销商反馈加工单、采购单等；第二种为供给方向需求方流动的反馈信息流和材料流，供货方依据需求将产品制造完成，通过物流的流通环节送达消费者手中，这样供应链就通过信息流将供应商、制造商、零售商和消费者紧密联系起来，构成一个整体②。陈国权(1999)指出，供应链管理即管理人员对运输、库存、信息管理、配送等流通环节进行计划、控制和协调的过程，需达到的目标就是在最小成本的基础上，以最短的时间、最好的服务，在准确的时间中将合适的产品送达消费者③。

(三) 物流一体化

1. 物流一体化的内涵

物流一体化是指通过实物流、资金流和信息流的相互协同来达到产品从原材料供应到生产再到销售环节的供应链系统性和整体性。在日益激烈的市场竞争中，物流一体化的整体性主要是需要整合各个物流节点上的企业，企业间只有相互配合，共享有效的信息和资源，才能降低物流成本，提高物流流程效率。

物流一体化最初是由西方国家提出，伴随着信息技术的进步的全球化进程，物流一体化的内涵逐渐丰富并趋向于完善，它的发展共经历了五个阶段：第一阶段是20世纪60年代，物流一体化概念被提出，因为计算机技术的成熟，物流一体化概念被进一步扩展；第二阶段是20世纪70年代末前，企业在

---

①　Simchi-Levi D. Interview with David Simchi-Levi[J]. Supply Chain Management Review, 2000：74-80.

②　马士华，王一凡，林勇. 供应链管理对传统制造模式的挑战[J]. 华中理工大学学报(社会科学版)，1998(2)：65-68.

③　陈国权. 供应链管理[J]. 中国软科学，1999，10：101-104.

其职能部门中设立物流部，促使物流各个流通环节进行合作和衔接，因为经济的萧条，企业管理者意识到物流费用是隐藏在冰山下的部分，物流是企业的第三利润源，必须推动其发展，以降低运营成本；第三阶段是 20 世纪 80 年代，物流从公司内部的职能部门中逐渐脱离出来，形成了独立的物流公司，专门进行物流服务，实现了专业化运作；第四阶段是 20 世纪 90 年代，JIT 准时生产和精益制造的思想提出，这极大地提高了对物流一体化的要求，要求物流企业必须对订单实现快速响应，在这一时期，由于信息技术的广泛使用，物流一体化逐渐与物联网、大数据进行结合，实现了物流的信息共享。

2. 物流一体化的目标

（1）成本最小化。物流在其每个流通环节都会产生费用，如何在 JIT 准时生产和精益制造的思想中不断地减少响应时间、减少浪费、降低成本以及提高运作效率，成为物流一体化的目标之一。

（2）柔性化。目前顾客的需求是较多样化和个性化的，若企业未重视顾客的需求，仍不改变原有的生产方式，就会使得经营效率较低，最终会退出市场竞争。物流企业亦然，随着精益制造和 JIT 准时制生产的提出，致使物流企业必须对顾客的需求做出快速响应，借助大数据平台，实现柔性化生产，这样就形成了物流企业的核心竞争力。

（3）顾客价值最大化。传统物流企业的目标仅仅是使物流效率最高以及物流成本最低，现代物流企业不同于传统物流企业，不仅仅将成本最小化作为经营目标，还在传统物流目标的基础上加入了顾客的需求，追求既定的成本下最大限度地满足顾客的需要。

（4）系统整体最优。物流系统整体最优的目标即各个物流节点间不是相互割裂的，需要相互进行协作和整合。物流一体化最主要的目标就是达到整体最优，使仓储、运输、配送等形成一个有机整体。

（四）协同

德国物理学家赫尔曼·哈肯于 1971 年首次提出协同的定义，他将协同定义为两种或两种以上的部分进行合作，所产生的效用大于两个部分独立时的效用之和，于是他又将协同称为增效作用。协同理论认为各个部分不是相互独立的，而是相互合作和紧密联系起来的。

协同效应可分内部和外部两种情况，内部协同指企业内部自身各系统间在不同阶段和环节中，使用相同资源而形成的整体效果；外部协同是指业务具有联系或交叉的企业之间为了实现价值最大化而主动进行协作，共同利用资源，比独立进行业务活动获得更大的效益。

1. 物流内部一体化协同

物流内部一体化协同是指企业要树立物流一体化理念，建立健全组织架构，完备内部物流设施，功能要素齐全，使得内部物流效率最大化。要实现物流内部一体化协同，需要从组织架构、设施布局、业务流程重组、内部资源整合、信息系统建设等多个方面开展工作。具体而言，要设置合理的组织架构以拥有较高的组织效率和对外协调能力，保证产品端对端的运输效率。从设施布局来看，要完善内部物流设施，掌握外部运输工具和运输渠道的优缺点，以充分匹配外部需求和配送方式。从业务流程上看，通过定期梳理工作流程，整合内部资源，减少中间不必要环节，以提升内部运作效率。从信息系统建设来看，要通过信息汇总和共享，提高信息的预测准确性，弱化供应链序贯决策机制，降低"牛鞭效应"影响，提高运行效率。

2. 物流外部一体化协同

物流外部一体化协同可分为物流纵向一体化协同和物流横向一体化协同两个方面。

（1）物流纵向一体化协同。

物流纵向一体化协同是指企业与供应链上下游的企业协同合作，建立统一的运行机制，以达到不断优化整个链条运作效率的目标。物流纵向一体化要求从原材料到顾客的全流程的物流进行综合管理，而管理技术的进步和信息技术的发展为实现综合化的管理提供了助力。纵向一体化协同要求企业与其供应商、零售商、顾客等建立较强的合作关系，通过形成联合力量，达到抵御市场风险，降低信息不对称，维持顾客忠诚度，最终获取竞争优势的目的。

（2）物流横向一体化协同。

物流横向一体化协同是指多个相同或者不同行业的企业之间通过物流合作的方式，形成统一的运营机制，以实现资源的有效整合，降低物流成本费用，从而实现规模经济。

一般而言，不同行业的企业之间更容易实施物流横向一体化协同。具体而言，就是将其生产经营的产品进行统一，通过建立物流中心或配送中心来实现对产品的集中配送，从而实现使各个企业的物流管理更为协调，实现规模经济。由于这些产品属于不同行业，所以不存在竞争和替代关系，也不涉及信息的泄露风险，在保证物流系统的高效运转的同时，也促进了各个企业经营战略和利益的提升，因而在现实中更为普遍。

成品油消费市场的持续增长激发了物流企业之间的合作意愿，而其产品的复杂性也使得企业的资源面临挑战。由此，需要加强不同企业之间的合作，以最大化地抵御风险和满足市场需求。另外，当自建物流无法满足需求时，考虑将部分业务进行外包，将其交给专业的物流公司进行系统性配送运输，同时满足安全性、可靠性和时效性等多重标准。

二、相关理论基础

(一) 协同理论

协同理论由赫尔曼·哈肯于 1971 年提出，协同理论的主要观点是在开放的环境中通过内部子系统之间的协同作用，使得各子系统之间有效配合和运转，从而达到整体系统新的有序、平稳状态。

协同理论的本质是运用系统中制定的规则，将复杂的系统逐渐变得简单。详细来说，协同理论就是专门研究在一个复杂的系统中，在其中包括了各种功能的子系统，通过子系统的相互协调，产生非线性的相关效果，并且通过协同会形成一个新的结构，在整体系统中发挥重要的作用，使各个子系统得到良性的发展。除此之外，哈肯还提出，拥有不同功能的子系统构成了整体系统。整体系统所展现出来的效用并不是各个子系统和的简单相加，而是各个子系统经过协作和相互影响，形成 1+1>2 的效用。国内学者在哈肯的研究基础上，进一步对协同的概念进行了扩展，他指出：第一，各个子系统有序的合作才形成了整体的协同系统；第二，整体协同系统的稳定性主要看各个子系统之间的和协调程度①。

(二)物流冰山学说理论

1970 年，日本早稻田大学的西泽修教授提出物流冰山学说理论，他认为公司的管理人员在查看公司所产生的物流费用时仅仅关注到财务报表中展现出来的部分，这相当于露出海面的冰山上的一角，只是物流费用中占比很小的一部分费用，而真正的物流费用却是隐藏在冰面以下的大部分，在财务报表中是不可见的。

物流冰山学说成立的三个原因为：(1)包装、保管、装卸和运输等流通环节中，应该对什么环节计算物流成本，才不会导致重复计算，如果只计算运输等主要费用，会使物流总费用远低于计算所有费用的总和。(2)物流费用的计算范围很广。物流费用包含：原材料物流费用、企业车间内部的物流费用、车间到配送中心的费用、配送中心到目的地的物流费用等，牵涉较多的企业，在计算物流费用时较容易遗忘某一部分内容，导致漏算。(3)物流费用有直接的物流费用和间接的物流费用，在计算物流费用时，不知道应该将间接费用如何计算进去，如电费、燃料费等。

(三)第三利润源理论

1970 年，日本早稻田大学教授西泽修提出"第三利润源"理论，他将物流领域作为企业的第三利润源。因为在日益激烈的市场竞争中，企业去开拓市场扩大市场份额已达到了最大限度，变得十分困难，那么企业就需要发现新的利润增长点。西泽修认为物流可以成为企业增加利润的重要领域，可以对物流流通环节进行整合，大幅度降低物流费用，这样从反面来说就是提高了企业的

① 郭治安. 协同学入门[M]. 成都：四川人民出版社，1988：31.

收益。

第三利润源的理论基于四个方面：

（1）企业为消费者提供产品时，应使物流服务产生的效用最大化，这样有利于国民经济的发展，降低成本。

（2）物流可以独立出来，可以单独地为消费者提供服务，从而获得相应的利润，因此可以作为企业的"利润中心"。

（3）物流并不仅仅作为流通的组成部分，它还可以从流通中独立出来，制定自身的经营目标，进行有效管理。

（4）物流可以通过为消费者提供服务，来给企业带来额外的利润，生产企业可将物流外包，从而将这部分自建的费用用于其他方面，产生更多的盈利。

（四）效益悖反理论

18世纪，德国古典学家Kant提出效益悖反理论。效益悖反是指物流的各个流通环节间存在着此消彼长的关系，即若优化物流的这一功能，那么必然导致另一功能的损失，这样通常会降低物流系统的效率，效益悖反在物流领域非常常见。

物流系统的效益悖反内容：

1. 物流各流通环节的效益悖反

物流的各流通环节均处于相互矛盾的系统中，这要看企业管理者想要重点发展哪一方面，重点发展的流通环节会得到更多的效益，而其他环节必然遭受损失，这就是物流各流通环节的效益悖反。比如：（1）如果将航空运输转换为铁路运输，必然会使运输时间增加，但是会降低运输费用；（2）若是在流通环节中想要降低包装费用，那么必然会导致产品在运输过程中损坏率的增加，而且在仓储中不能将产品放在高处，这样也会增加库存费用。

2. 物流服务和物流成本的效益悖反

（1）物流成本与物流服务之间呈现非线性的关系，即并不是在物流环节投入越多的费用就越会提高物流的服务水平。（2）通常来看，如果想要提高物流的服务水平，必然导致物流成本的上涨。

第三章 成品油销售企业物流发展现状

一、成品油销售企业物流现状

国内成品油主要由中国石油、中国石化及地方独立炼化企业生产，2016—2018 年国有大型骨干企业中国石油、中国石化占行业成品油生产的 74%。国有大型石油石化企业普遍有较为完整的产业链，包括勘探开发、炼油与化工、销售、天然气与管道、技术服务、研究、进出口贸易等业务。就成品油业务而言，主要由遍布全国的省区销售企业具体负责零售和直销、批发。而炼油与化工企业、成品油生产企业因历史原因主要分布在东西部，把成品油从产地配送到消费地就需要专门的机构承担。在石油、石化企业内部已经设立了大区销售公司具体负责。下文首先对 X 集团的基本情况进行了阐述，然后以 X 集团大区销售公司为例，研究了成品油物流一体化现状。

（一）成品油销售企业基本情况

1. X 集团基本情况

X 集团是产炼运销储贸一体化的大型综合性能源公司，主要业务包括炼油化工、石油天然气勘探开发、管道运输、油气销售等业务，组织架构如图 3-1 所示。

2. X 集团大区销售公司基本情况

X 集团大区销售公司属于 X 集团的区域性销售公司，依据市场的需求，优

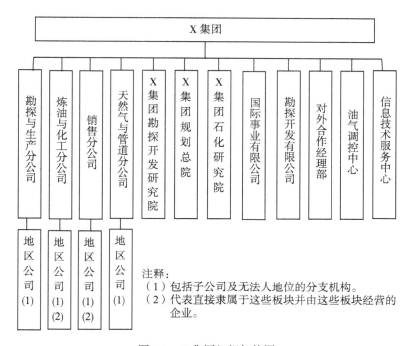

注释:
（1）包括子公司及无法人地位的分支机构。
（2）代表直接隶属于这些板块并由这些板块经营的企业。

图 3-1 X 集团组织架构图

化配置集团在该区域的 13 家炼化企业的成品油资源，发挥着连接炼化企业与各个省区销售公司、专项用户（民航、铁道、兵团等）的桥梁作用，主要是依据生产和需求进行成品油配送以及提高产销一体化的程度。具体业务主要有三种：第一种是根据产需情况制订各种运输方式的运行计划，根据省区公司及的库存状况和销售情况，组织运输配送和结算；第二种是负责直属油库的运行管理；第三种是对区域内的成品油质量计量问题进行监督。

（1）组织架构。

X 集团大区销售公司设有资源配置部、调度运行部、财务结算部等 13 个职能处室、15 个直属分公司，组织架构如图 3-2 所示。

（2）业务运营。

X 集团大区销售公司资源布局如图 3-3 所示，主要业务覆盖范围包括省区

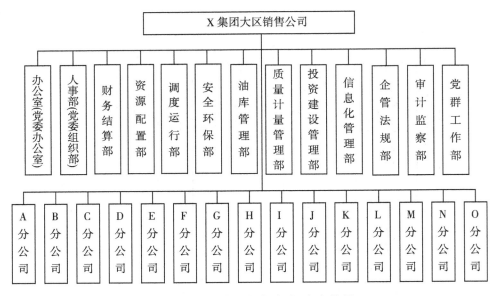

图 3-2 X 集团大区销售公司组织架构图

销售公司和专项用户，服务范围占全国陆地面积的 80%。

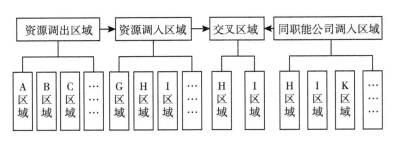

图 3-3 X 集团大区销售公司资源布局图

同时，还承担着成品油资源优化配置、运输以及计质量、市场监督等职能。当前，成品油销售已然实现了集约化和规模化，主要表现在（四个统一）：

①实现了货款结算的统一；

②实现了价格制度的统一；

③实现了资源配置的统一；

④实现了运输组织的统一。

2013 年，X 集团大区销售公司的销售收入为 3100 亿元，共调运完成成品油数量为 4000 吨以上，共缴纳所得税 11 亿元。2014 年全年配置完成量 4741 万吨，实现销售收入 3225 亿元，同比增加 118 亿元。2015 年公司全年配置完成量 4495 万吨，调运完成量 8522 万吨，实现销售收入 2389 亿元。2016 年公司全年配置完成量 4249 万吨，调运完成量 7932 万吨，实现销售收入 2130 亿元，缴纳税费 6.3 亿元(见表 3-1)。

表 3-1 　　　　　　 **2014—2016 年 X 集团大区销售公司业务运营指标**

年　份	配置完成量	调运完成量	配置计划完成率	吨油运费	销售收入
2014 年	4741 万吨	8884 万吨	99.89%	178.75 元	3225 亿元
2015 年	4495 万吨	8522 万吨	98.5%	175.46 元	2389 亿元
2016 年	4249 万吨	7932 万吨	101.32%	184.28 元	2130 亿元

近年来，X 集团在炼油加工能力、成品油油库储存能力、成品油管道输送能力及成品油销售能力等方面都有了突破性的进展。为 X 集团大区销售公司的产销一体化水平的提升奠定了基础，并且这些能力的提升为省区销售企业、转向用户成品油供应提供了保障，还降低了运输成本和成品油供应不足的风险。

(3)销售产业链。

按照成品油从炼化企业到最终消费者的流通环节，X 集团大区销售公司的成品油销售主要包括直销、零售、批发三大市场。销售产业链如图 3-4 所示：

(二)成品油销售企业物流一体化现状

本研究主要以 X 集团大区销售公司为具体的研究对象进行案例分析，因此详细介绍其物流一体化状况。2014—2016 年，X 集团大区销售公司产调率

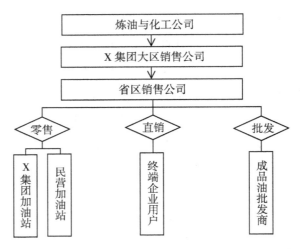

图 3-4　X 集团大区销售公司销售产业链

和配送计划兑现率始终保持在 98% 以上。本书对 X 集团大区销售公司的物流一体化现状的研究主要从物流信息系统的建设、油库的分布、油品配送的方式和油品配送的组织四方面进行。

1. 配送组织

按照"管输为主、公路最优、铁路补充"的运输优化原则，统筹优化各运输方式，实现整体运输结构最优，如表 3-2 所示：

表 3-2　　　　　　　2014—2016 年 X 集团大区销售公司运输结构变化

年份	公路	铁路	管道	水运	变化情况
2014—2016 年	28%	20%	51%	1%	公路配送比例较 2014 年提高 2 个百分点，管道运输比例仍达到 48%，接近整体调运量的一半

2. 配送方式

X 集团大区销售公司主要采用的是管道运输、水路运输、铁路运输和公路运输等运输方式，实现对成品油一次配送和二次配送。目前，按照"少环节、短流程、低成本、高效率"的配送原则，推进管道增量增品种输送；充分借助DPO优化模型，实施"定点、定量、定线路"全程优化；推进"主动配送制"实施，部分省份全面实行主动配送，公司库存整体运作和物流优化水平显著提升，吨油运费同口径实现"七连降"。

3. 储运设施

①仓储设施：X集团大区销售公司在用资产型油库10座，总库容247.74万方（见表3-3），较2010年增加150万方；油库年平均周转7.3次，较2010年提高37.7%，油库运行效率不断提升。

表3-3   **X集团大区销售公司油库库容情况**

油库	库容（万方）			安全库容（万吨）		
	小计	汽泪	柴油	小计	汽油	柴油
合计	247.74	85.5	162.24	157.61	46.99	110.62
A油库	3.24	2	1.24	2.1	1.34	0.76
B油库	10	—	10	7.5	—	7.5
C油库	37	9	28	22.86	5.22	17.64
D油库	18	8	10	12.12	5.2	6.92
E油库	6	4	2	4.06	2.59	1.47
F油库	21	6	15	14.12	3.42	10.7
G油库	29.5	9.5	20	17.08	4.51	12.57
H油库	40	14	26	28.05	8	20.05
I油库	52	22	30	30.07	10.37	19.7
J油库	31	11	20	19.65	6.34	13.31

②发运设施：X集团大区销售公司所属油库公路运能力3.4万吨/日、铁路发运能力2.47万吨/日；管道备油能力2.7万吨/日；某油库3座码头具备装船发运能力0.68万吨/日。

③自动化设施：X 集团大区销售公司油库基本实现自动化升级改造，安装流量计、液位仪等自动计量设备 419 台，覆盖全部油库；7 座油库具备常规分析能力，部分省区质监中心具备油品全分析能力，油品质量监管能力不断提升。

④铁路自备罐车：X 集团大区销售公司拥有铁路自备罐车 5892 辆，自备车管理水平稳步提高，周转率由 2.17 次提至 3.167 次，提升 46%。克服车辆不足影响，有效保障了石化新厂投产与石化企业扩能改造后的后路保障。

⑤管道设施：2011 年以来，公司积极推动 6 条管道及沿线站库设施投产和扩能，新增管输能力 1700 万吨/年，达到 7046 万吨/年，为地区运输结构优化和增输上量提供了保证。2016 年在地区炼化企业集中检修，整体资源量较 2014 年减少 9.1%的情况下，管道沿线炼化企业进线量始终保持在 39.4%以上。总体实现：优先管道，多品种输送，运输结构完善（见图 3-5）。

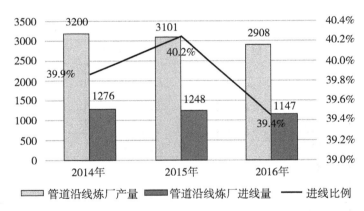

图 3-5　2014—2016 年 X 集团大区销售公司管道运输能力（单位：万吨）

4. 信息化系统

X 集团大区销售公司目前实施和应用了 ERP、油库管理、一次物流、集成报销等九大系统，初步实现了内、外部系统集成和管控一体化集成，发挥了物流指挥、优化降费、远程监管、快速反应等作用，逐步深入利用信息化手段提升业务运行的科学化、自动化水平。

X 集团大区销售公司搭建的"综合营运指挥中心"，按照"少环节、短流程、低成本、高效率"的建设思路，集 X 集团大区销售公司资源、调运、油库、安全、质计量管理业务于一体，形成联合办公平台，如图 3-6 所示。该平台将充分发挥大区公司桥梁作用，让炼化企业及时了解市场动态，让省区销售及时获知生产和运输信息，提供超前、准确、全面的产销信息服务。

图 3-6　综合营运指挥平台建设思路

二、成品油物流系统分析

（一）成品油物流系统构成要素分析

本研究主要根据生产力三要素理论，将成品油物流系统的构成要素划分为三种：主体要素、设备要素和客体要素，主体要素主要分析成品油的消费者、零售商、生产商等；设备要素主要是成品油的储运设施等；客体要素依据商务部的政策文件进行划分，主要包括柴油、汽油及煤油。成品油物流系统的客体要素根据政策分类，比较明确，在下文中将不做赘述，主要详细介绍主体要素和设施设备要素。

1. 成品油物流系统的主体要素

（1）成品油生产商。

成品油生产商是成品油产业链中最上游的企业，对原油品进行加工。通过不同的配套装置将原油品转化为汽油、煤油、柴油等燃料和化工产品。

（2）成品油批发零售商。

成品油零售商以小批量销售为主，主要服务对象为消费者，物流量较低；成品油批发商以大批量销售为主，主要下游服务对象为零售商和机构用户。在国内，中石化和中石油是主要的大型成品油生产、销售企业，产业链基本相似，本书视同一类主体展开研究。

（3）成品油物流商。

成品油物流商是对成品油进行运输、配送的第三方企业，对成品油的运输、装卸、配送以及库存等是其主要业务。目前成品油的运输主要依托第三方物流公司进行，完成从成品油生产商到消费者的所有物流环节。

（4）成品油消费者。

成品油消费者在成品油的产业链中位于最底端，是整个成品油物流系统最重要的主体之一。根据购买成品油的数量及频次，可将成品油消费者划分为企业用户、个人用户和政府。

2. 成品油物流系统的设施设备要素

（1）运输设备。

在成品油的所有流通环节中，运输成为必然的手段，利用运输设备实现成品油的空间位移，目前国内成品油运输主要通过的运输方式包括公路运输、铁路运输、管道运输和水路运输。

（2）储存设施。

成品油油库种类众多，可以分为：覆土油库、地下水封油库、地下盐岩洞库储油罐、地面油库、储油洞库、海上储油罐等。

（二）成品油物流系统功能分析

1. 运输功能

成品油的运输功能将成品油从交货地运输到收货地。成品油运输环节的成本明显高于成品油物流系统中的其他环节，在降低整个物流系统的成本中起着至关重要的作用。在运输环节，选择运输路线和运输形式对物流成本的降低有着重要作用。成品油物流的运输不同于传统物品的运输，对突发状况的应急能力成为其重要的影响因素，因为成品油有着易燃易爆的特点，在选择第三方物流企业时需重点关注企业在这个方面的能力。

2. 库存功能

成品油的库存功能就是对成品油进行储存。因为成品油的易燃易爆特性，对成品油储存具有很高的要求。成品油的库存不仅仅是对油品进行存储，油库同样也是成品油库存的重要组成部分。

3. 配送功能

成品油的配送功能是指成品油物流在运输到目的地对油品的送货、配货等。在配送的过程中，要充分考虑油品的特性，看什么油品可以一起进行运载而不发生化学反应，出现事故。管理者要思考怎样配载油品才能减低配送费用。

4. 物流信息功能

成品油的物流信息功能即在物流的各个物流节点中运用条形码、射频技术以及 GPS 等实现物流的信息化管理。物流的信息功能贯穿于整个物流系统，协调着各项物流活动，能够整合物流资源，提高物流效率。

（三）成品油物流系统特性分析

1. 成品油物流系统高成本性

在质量安全上，成品油有着独特的要求，这也需要在软件和硬件上采取很多配套措施，因为成品油的易燃易爆特性，在成品油物流运输过程中，不仅对运输设施的要求较高，对存储等流通环节的安全和技术要求同样较高。在设施设备上，成品油物流需要投资成品油管道、专业仓库、汽车罐车、铁路罐车等相关技术和配套设施。显而易见，专业化的运输设备会提高采购的成本，且不能用于其他用途的运输，有较高的折旧费。

2. 成品油物流系统协同性

完善成品油物流管理体系，关键在于建立产业链各成员互利共赢的合作机制，成员之间优势互补，实现共同价值的最大化。如果没有双赢的协调机制，个体目标就会偏离系统目标，个体成员对自身利益的追求也会损害系统利益。

成品油物流系统的合作重点应该从简单的物流职能部门延伸到整个供应链的各个部门，使整个供应链的价值最大化。

3. 成品油物流系统安全首要性

一般物流系统作为社会经济系统的中其中一个组成子系统，其进行物流服务的主要目的是获得经济效益。一般情况下，物流活动是寻找物流成本和物流服务水平间的平衡，并在此基础上提供物流服务。但是因为成品油安全性要求很高，成品油物流系统不能只考虑利润。为了提供最好的物流服务，我们必须保证成品油的安全。

4. 成品油物流系统信息多样性

物流系统合作的基础是企业间信息共享。物流系统管理的基本要求是提供可靠、实时的信息共享。物流系统的信息化使得信息共享易于操作、成本低。信息化在物流中主要体现在自动化的物流运作、标准化的信息传输和电子化的信息处理和数字化的信息储存。从炼油产品的加工、生产、储存、运输和销售中，会形成很多分散的信息，它们直接反映整个物流过程和产品的信息。安全和质量密切相关，因此记录、收集和分析信息至关重要。

三、成品油销售企业物流问题分析

本研究对成品油销售企业和现代物流企业以及物流一体化建设要素进行对标分析(以 X 集团大区销售公司为分析对象)，通过对标分析得出成品油销售企业物流现代化发展程度以及需要改进的问题，同时探索 X 集团大区销售公司构建现代物流一体化体系的关键点。

(一)成品油销售企业与现代物流企业的对标分析

对标分析研究主要采取"理论研究+典型实例研究"，立足于国内成品油市场分析、国外石油公司成品油供应链管理现状解析，与 X 集团成品油供应链现状进行对比，以及供应链一体化管理模式探索等方面进行系统研究。成品油销售企业与现代物流企业的对标分析如表 3-4 所示。

表3-4 成品油销售企业与现代物流企业的对标分析

现代物流企业的关键要素	具体要素	1	2	3	4	5	对标分析结论
综合性服务	需要从物流方案设计到全程物流的组织与实施				■		（1）符合现代物流企业的管理要素，发展态势良好 （2）具备良好的信息化基础，信息应用逐步深化（ERP、油库管理，一次物流、集成报账等），综合中心运营逐渐步入正轨，业务运行效率有显著提高 （3）已有较完善的物流管理与优化模式（DPO，一次物流2.0系统），成品油产调完成率及配置计划兑现率保持高水平 （4）积极采取主动配送模式，优化配送路径，合理摆布库存 （5）储运设施不断完善，油库建设持续进行 （6）已建立基于业务流程的风险综合管控体系
	强调物流功能的整合					■	
	采用物流中心					■	
供应链协同服务	跨区域的物流服务					■	
	采取持续补给计划					■	
	建立长期战略伙伴关系				■		
	提供增值物流服务				■		
信息化	基于物联网的一体化信息服务平台				■		
	使用地理信息系统、卫星定位系统				■		
	应用EDI、FRID条码技术等				■		
智能化	利用物联网实现信息共享、物流、信息流、资金流合一				■		
管理集成	集约化管理，统一的服务标准规范操作流程				■		
	信息化管理、系统管理、全面质量管理的集成				■		
规范标准	有统一的数据标准、接口标准、行为标准等				■		
服务创新	提供增值服务和定制化服务			■			
战略联盟	整合社会资源，竞争力强				■		
	有长期的战略合作伙伴				■		

对标X集团大区销售公司评分：1分最低，5分最高

　　根据对标分析的结论可见成品油销售企业在现代物流建设方面待改进的问题：第一，一二次物流整合仍存在一定空间；第二，信息化对物流优化的支撑力度不足；第三，先进仪器和技术应用不充分；第四，尚未建立一致的信息体系，可操作性不足；第五，供应链信息共享机制水平不高。

(二)成品油销售企业与现代物流一体化的对标分析

　　成品油销售企业与物流一体化建设要素的对标分析如表3-5所示。

　　根据对标分析的结果，可以总结出以 X 集团大区销售公司为代表的成品油销售企业在现代物流一体化建设中待突破的关键点有：

　　第一，组织与管理架构的优化，成品油销售企业需要在物联网环境下，对物流市场、渠道网络、上下游等整个生态体系需要重新审视后进行优化建设；

　　第二，成品油销售企业需要整合各方面的资源进行进一步的业务集成、数据集成、接口集成、技术集成以及管理集成；

　　第三，在大数据背景下，企业应经过数据的挖掘，对制造进行预测，对消费者需求进行预测，深入实施大数据分析，运用大数据对供应链进行管理，实现信息共享；

　　第四，在人工智能加速发展的现状，应以智能制造为主攻方向，推进炼化企业智能建设；

　　第五，利用可视化技术，实现对物流质量的把握和相应数据的统计；

　　第六，实现对物流数据的全面记录、统计和呈现；

　　第七，提供物流业务的实景图(如现场作业视频)或者地理态势图；

　　第八，实现智能生产+状态感知控制+大数据分析及处理+智能服务；

　　第九，利用库存和网络优化工具，对历史数据进行分析，探索建立知识库并建立优化模型、预测模型、预警模型等。

　　综上所述，由成品油销售企业通过与现代物流企业的关键要素对标分析的结果可知，X 集团大区销售公司在信息化、智能化、管理集成和服务创新四个要素方面存在较大的问题；在与物流一体化建设要素进行对标分析时可知，X 集团大区销售公司在新兴技术应用和数据融合方面存在待改进的问题，需在以后的发展中进一步加强建设，为物联网环境下成品油销售企业现代物流协同一体化建设奠定现实基础。

表3-5

成品油销售企业与现代物流一体化建设要素的对标分析

物流一体化建设的关键要素	具体要素	对标X集团大区销售公司 评分：1分最低，5分最高					对标分析结论
		很不具备	不具备	具备	成熟	很成熟	
管理架构	需要在物联网环境下，对物流市场、渠道网络、上下游等整个生态体系重新审视的思考方式			■			（1）已具备实施物流一体化的软/硬件基础条件 （2）建成应用了集中统一的网络基础设施 （3）通过对传统物流组织相关运、资源计划管理等进一步优化，业务流程的进一步优化，利用大屏展示系统、物流2.0系统、DPO等工具，推行一站式计划、集中申请车等新功能，一定程度上支撑了X集团大区销售公司整体业务运行，并采集了大量的基础数据，可形成知识库并建立分析模型
基础设施	相关智能化的软件系统			■			
	专业核心网络				■		
	自动化的数据采集设备、数据感知设备			■			
	地理信息系统、卫星定位系统等				■		
	云计算和存储技术（大数据中心）			■			
	物联网技术（RFID、传感器、视频监控、M2M应用）				■		
新兴技术	库存和网络优化工具				■		
	预测性大数据分析技术		■				
	软件SAAS服务		■				
	3D虚拟现实技术		■				
	DVIR物联网实时可视化监控技术		■				
	CPS系统（网络—信息物理系统网络）		■				
数据融合	需要采集融合多元数据，集成业务运行、物流优化、生产监控等信息系统，打通数据接口，实现数据共联共享，全面实现物流的在线化		■				
	以平台合作为整合物流资源的一种新方式			■			
功能模块	用平台这种组织方式强调信息系统的统一			■			
资源整合	需要活度增加业务的柔性，逐步模块化流程，并建立科学的接口标准				■		
人力资源	需要强化物流专业技术人才，管理人才的培育			■			

第四章 成品油物流一体化协同框架构建与设计

近年来，得益于互联网技术和计算机科学的飞速发展，使得物联网技术在各个行业蓬勃发展，而物联网与实体产业的结合为我国经济的飞速发展起到了巨大的推动作用①。对物流行业而言，物联网技术与现代物流的深度融合有利于促进现代物流的协同一体化发展②。本章探讨成品油销售企业物流内部一体化与外部一体化协同的内涵、协同的目标与原则和协同的内容。

一、成品油物流一体化协同内涵

物流系统的目标是满足客户在物流服务各方面的需求，降低成本，提高客户满意度。要想提高物流系统的效率，一个企业是不能完成的，这就要求物流系统中各个企业之间的协同。简单地说，物流系统的协调是指根据系统的总体目标，系统中的企业拟定物流规划和对策。在实践中，进行相互合作建立物流体系的目的是提升物流效率、降低成本和提高服务的水平。

在了解物流协同和成品油物流概念的基础上，本研究定义成品油物流协同为：从供应商到消费者，成品油的实体流动中，成品油物流系统中的企业为了

---

① 施卫东，高雅.基于产业技术链的物联网产业发展策略[J].科技进步与对策，2012，29（4）：52-56.

② 高迎冬，李杰，张颖.物联网技术在现代物流管理中的应用[J].物流技术，2012，31（21）：175-177.

实现物流成本最低、效率最高，保障成品油安全的目的，经过企业间的信息共享和合作，使得成品油在各流通环节达到无缝衔接。

(一) 成品油物流内部一体化协同内涵

物流内部一体化协同是指企业要树立物流一体化理念，建立健全组织架构，完备内部物流设施，功能要素齐全，使得内部物流效率最大化。要实现物流内部一体化协同，需要从组织架构、设施布局、业务流程重组、内部资源整合、信息系统建设等多个方面开展工作。具体而言，要设置合理的组织架构以拥有较高的组织效率和对外协调能力，保证产品端对端的运输效率。从设施布局来看，要完善内部物流设施，掌握外部运输工具和运输渠道的优缺点，以充分匹配外部需求和配送方式。从业务流程上看，通过定期梳理工作流程，整合内部资源，减少中间不必要环节，以提升内部运作效率。从信息系统建设来看，要通过信息汇总和共享，提高信息的预测准确性，弱化供应链序贯决策机制，降低"牛鞭效应"影响，提高运行效率。

(二) 成品油物流外部一体化协同内涵

物流外部一体化协同可分为物流纵向一体化协同和物流横向一体化协同两个方面。

1. 物流纵向一体化协同

物流纵向一体化协同是指企业与供应链上下游的企业协同合作，建立统一的运行机制，以达到不断优化整个链条运作效率的目标。物流纵向一体化要求从原材料到顾客的全流程的物流进行综合管理，而管理技术的进步和信息技术的发展为实现综合化的管理提供了助力。物流纵向一体化协同要求企业与其供应商、零售商、顾客等建立较强的合作关系，通过形成联合力量，达到抵御市场风险，降低信息不对称，维持顾客忠诚度，最终获取竞争优势的目的。

2. 物流横向一体化协同

物流横向一体化协同是指多个相同或者不同行业的企业之间通过物流合作的方式，形成统一的运营机制，以实现资源的有效整合，降低物流成本费用，从而实现规模经济。

一般而言，不同行业的企业之间更容易实施物流横向一体化协同。具体而言，就是将其生产经营的产品进行统一，通过建立物流中心或配送中心来实现对产品的集中配送，从而实现使各个企业的物流管理更为协调，实现规模经济。由于这些产品属于不同行业，所以不存在竞争和替代关系，也不涉及信息的泄露风险，在保证物流系统高效运转的同时，也促进了各个企业经营战略和利益的提升，因而在现实中更为普遍。

成品油消费市场的持续增长激发了物流企业之间的合作意愿，而其产品的复杂性也使得企业的资源面临挑战。由此，需要加强不同企业之间的合作，以最大化抵御风险和满足市场需求。另外，当自建物流无法满足需求时，考虑将部分业务进行外包，将其交给专业的物流公司进行系统性配送运输，同时满足安全性、可靠性和时效性等多重标准。

二、成品油物流一体化协同的目标与原则

(一) 成品油物流一体化协同的目标

成品油的实体流动中，成品油物流系统中的企业为了实现物流成本最低、效率最高的目标，达到保障成品油安全的目的，经过企业间的信息共享和合作，使得成品油在各流通环节达到无缝衔接，如图 4-1 所示。

1. 成品油物流一体化协同的成本目标

在质量安全上，成品油有着独特的要求，这也需要在软件和硬件上采取很多配套措施，因为成品油的易燃易爆特性，在成品油物流运输过程中，不仅对运输设施的要求较高，对存储等流通环节的安全和技术要求也同样较高。在设施设备上，成品油物流需要投资成品油管道、专业仓库、汽车罐车、铁路罐车等相关技术和配套设施。显而易见，专业化的运输设备会提高采购的成本，且不能用于其他用途的运输，有较高的折旧费。

物流一体化的协同效应可降低运营成本主要在两个方面体现出来：第一，

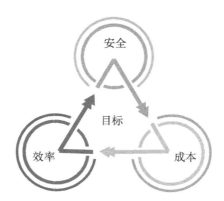

图 4-1　成品油物流一体化协同目标

通过成品油的物流协同，在成品油的物流运输、配送环节中，协同将进一步减少无用的流通节点，对设施设备、运输车辆等进行整合，能够降低物流成本；第二，通过成品油物流的合作，企业能够对各种资源进行共享，这些资源有的是企业核心竞争力中的软件资源，如技术人员等，有的是共享硬件资源，如产地、运输设备等，从而实现降低成本的目标。

2. 成品油物流一体化协同的效率目标

在成品油运输中，从消费地点到生产地点的距离和花费的时间越短，就越能及时满足消费者的需要，确保成品油的安全和质量。因此，要求成品油物流系统具有更高的效率。影响成品油物流系统效率的因素有：一是组成成品油物流整体系统的各企业间物流协同的效率；二是物流系统内部自身的效率。

另外，成品油物流系统中所使用的运输设备等也可以反映成品油物流一体化协同的效率。与一般物流产品不同，这些设施具有很强的特殊性，因此，整个成品油物流系统的运行效率取决于这些设施的利用率。

3. 成品油物流一体化协同的安全目标

一般情况下，物流活动是寻找物流成本和物流服务水平间平衡，并在此基础上提供物流服务。但是因为成品油仓储、加工、配送中有不同程度的安全问题，成品油安全性要求很高，成品油物流系统不能只考虑利润。为了提供最好的物流服务，我们必须保证成品油的安全。

（三）成品油物流一体化协同的原则

1. 效益性原则

成品油物流系统的组成主体是民营企业或国有企业，企业的目标均是追求利润最大化，所以企业间进行物流一体化协同主要是为了降低成本，获取更大的社会效益和经济效益，这是企业发展的基石。效益性原则就要求各个主体企业间充分信任，在已建立的标准规范下，尽可能地使物流成本不再提高，且物流服务水平不下降。

2. 整体性原则

成品油物流系统是由各个子系统组合而成，子系统所追求的目标不一定与整体系统的目标保持一致，那么整体性原则就要求子系统之间必须相互协作，进行资源的整合，以达到互利共赢的目标。

3. 适应性原则

适应性原则是成品油物流一体化协同的基本原则，适应性原则是其他原则的基础。详细来说，适应性原则是指选择合作伙伴的原则，根据适应性原则，物流系统的协同应确保各主体在经营模式、组织规模、管理理念、企业文化等层面相互匹配。同时，根据适应性原则，各方建立战略联盟，就利益分配、战略目标等达成一致意见。

4. 资源整合性原则

成品油物流系统所需的硬件设施（油罐车、油库、运输管道等）建造和购置成本非常昂贵，这就需要在成品油物流一体化协同中对各种硬件设施进行合理的分配，使其的运载率达到最大，不要造成资源的浪费，最终使物流系统的各个流通环节形成无缝衔接。

三、成品油物流一体化协同的内容

结合成品油物流系统的设施设备要素、客体要素和主体要素，探讨成品油物流一体化协同的具体内容，同样从物流一体化内部协同和外部协同两方面进行分析。

（一）成品油物流内部一体化协同内容

成品油物流一体化内部协同是指组成整体协同系统的各主体企业实现企业内部职能部门的物流协同。根据成品油物流系统的功能，可将成品油物流内部一体化系统划分为成品油的运输子系统、库存子系统、配送子系统和物流信息子系统。

1. 运输子系统

成品油的运输子系统将成品油从交货地运输到收货地。成品油运输环节的成本明显高于成品油物流系统中的其他环节，在降低整个物流系统的成本中起着至关重要的作用。

2. 库存子系统

成品油的库存子系统就是对成品油进行储存。因为成品油的易燃易爆特性，对成品油储存具有很高的要求。成品油的库存不仅仅是对油品进行存储，油库同样也是成品油库存的重要组成部分。

3. 配送子系统

成品油的配送子系统是指成品油物流在运输到目的地对油品的送货、配货等。在配送的过程中，要充分考虑油品的特性。

4. 物流信息子系统

成品油的物流信息子系统即在物流的各个物流节点中运用条形码、射频技术以及 GPS 等实现物流的信息化管理。物流的信息功能贯穿于整个物流系统，协调着各项物流活动，能够整合物流资源，提高物流效率。

物流内部一体化协同即实现物流信息子系统、运输子系统、库存子系统和配送子系统的相互协作，这四个子系统并不是相互独立的，在物流系统的运作中，四个子系统互相制约、互相联系。其中物流信息子系统始终贯穿于整体物流系统中，是作为信息中枢的存在，为整体物流一体化协同提供了基础。

（二）成品油物流外部一体化协同内容

1. 成品油物流一体化纵向协同内容

成品油物流一体化的纵向协同指的是成品油销售商、成品油物流商、成品油零售批发商和成品油生产商之间的实现产业链上下游企业间的协作。这种协作通过企业间制定统一的合作框架、协同内容等，根据物流规范进行物流系统的运作，使物流系统从生产到销售均达到安全运输的目标。在实行纵向协同时，企业需与其供应商、零售商、顾客等建立较强的合作关系，通过形成联合力量，达到抵御市场风险，降低信息不对称，维持顾客忠诚度，最终获取竞争优势的目的。

2. 成品油物流一体化横向协同内容

成品油物流一体化的横向协同指的是在成品油物流系统中有着相同种类的业务而达成战略联盟，例如不同成品油物流商的协同、不同成品油供应商的协同等。

在成品油物流一体化横向协同中，成品油物流商之间的协同是一种重要且典型的协同模式。具体来说，成品油物流商之间的横向协同就是在物流领域运用双方已有的运输设备或储存设施，联合进行物流的流通，这样可以提升物流运营效率、提高物流服务水平。

成品油物流系统中的其他主体企业也能够进行横向协同，对成品油物流企业来讲，这种协同方式同样发挥着重要的作用。

第五章　成品油物流一体化协同实证研究

针对我国成品油物流一体化协同研究理论研究的不足，融入协同学研究理论，从信息协同、技术协同、管理协同和服务协同四方面构建基于协同效应模型的物流一体化协同模型，求解平衡点及稳定条件，为成品油销售企业现代物流的可持续发展提供理论支持。

一、成品油现代物流一体化协同模型构建

通过前文的分析，可知成品油销售企业在发展过程中面临着物流一体化外部协同和内部协同的问题。企业应该紧跟物联网技术前进的步伐，加快技术创新和资源优化整合，从而促进物流一体化协同发展。本章根据成品油销售企业在物流一体化建设中存在的问题及物联网四层架构，构建基于协同效应模型的物流一体化协同模型，将一体化协同分为四个层面①，如图 5-1 所示，为下一节序参量方程的构建和分析打下基础。

成品油销售企业物流一体化的特征如下：

（1）多维性。多维性是两个或两个以上的协同因素共同影响系统发展变化的状态。物联网环境下的现代物流企业涉及多个协同因素，在技术协同维度层面，需要统一的用户接口、标准化的技术体系；在信息协同维度层面，需要系统内部多个模块之间紧密的合作和有序运作，同时需要企业上下游成员之间的

---

① 邱剑峰. 物联网背景下多维度协同物流管理框架[J]. 经营与管理，2016（1）：78-79.

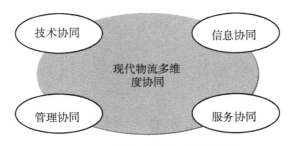

图 5-1 现代物流协同一体化分类

高效信息沟通；在服务协同维度层面，需要展开现代物流企业服务价值链的创新，促进服务协同；在管理协同维度层面，需要实现各子系统的协调运作，探索"协同共享"的创新管理机制。

（2）共存性。物联网环境下现代物流多个维度的协同因素是共同存在的，这些协同因素在系统发展演化过程中相互竞争、相互促进，它们的共同存在才能更好地促进现代物流系统的发展。

（3）协同性。现代物流系统的各个维度并不是独立存在的，单个维度也无法实现独立运作，必须通过多维度的协同作用才能够发挥整个物流系统的作用，这既包括物流企业内部各子系统之间的协同与合作，也包括物流企业上下游成员的协同与合作。

（4）信息共享性。信息技术的发展为现代物流企业提供了强大的支撑和保障，通过信息共享可以很好地打破信息孤岛、沟通不畅等现象，现代物流系统的协同需要对信息进行整理和加工，提高信息的质量以形成良好的信息共享机制，这也是现代物流区别于传统物流的一大特性。

物联网环境下实现现代物流一体化协同是物流产业发展的必然趋势①，下面主要从技术协同、信息协同、服务协同、管理协同四个维度进行分析。

（一）技术协同一体化

物联网作为信息化时代的信息承载体，其技术主要包括定位系统、传感器

---

① 朱未平，金志扬. 物联网环境下多维度协同物流管理研究[J]. 物流工程与管理，2016，38(6)：33-34.

和传感网络、射频识别技术、智能嵌入等，这些技术均取得了不同程度的成功。物联网技术的发展为现代物流企业的发展提供了技术上的支持，为技术协同提供了保障。

物流领域是物联网相关技术最有现实意义的应用领域之一，将物联网技术应用到现代物流的全过程中来，将实现物流产业的智能化和信息化，基于大数据、云计算等建立现代物流网络体系，很大程度上使管理水平和物流作业效率提高，加速了技术协同。基于物联网的现代物流信息技术体系如图5-2所示。

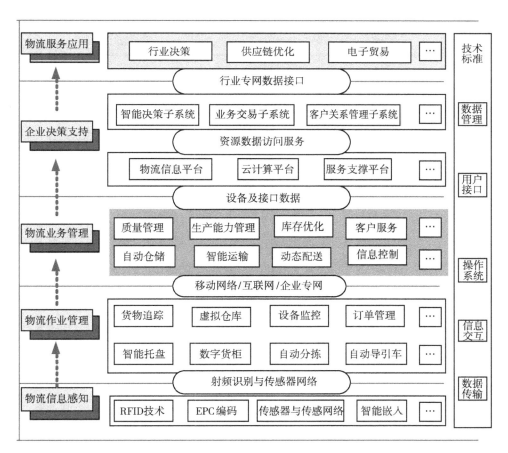

图 5-2 基于物联网的现代物流信息技术体系(示意图)

利用 EAI 和 SOA 技术，将两种技术进行融合，再借助于大数据、人工智能等，构建高效的现代物流信息网络，从企业应用层、应用支撑层、物联网集成应用层、基础环境层四个层面建立物流信息化管理平台。其中企业应用层由智能物流应用、智能决策支持和多维表图展示平台组成；应用支撑层由应用支持平台和外部支持平台组成；物联网集成应用层由物联网集成技术平台实现；基础环境层由平台支撑环境和网络平台组成，如图 5-3 所示。

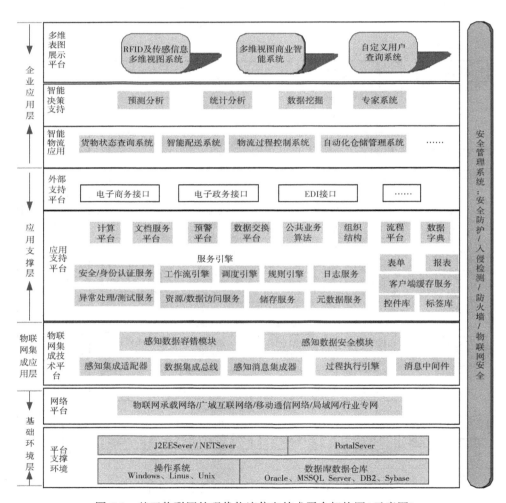

图 5-3　基于物联网的现代物流信息技术平台架构图(示意图)

（二）信息协同一体化

物流信息包括物流、资金流、信息流等多个方面，物联网环境下的现代物流需要信息协同来实现信息及时、高效、准确的传输。信息协同能够帮助企业进行资源的整合、优化资源的配置和利用、协调相关业务流程的改善，做到信息的共享和集成，使得物流企业各个子系统之间以及其上下游企业之间实现信息共享，消除信息孤岛，提升竞争力和物流系统运作效率。

现代物流的信息协同不仅仅局限于物流业务操作信息化，更需要集"操作""管理""决策"于一体的物流企业综合信息化解决方案，主要体现为"综合一体化应用""行业化特性应用""安全移动应用""决策支持应用""财务与物流一体化应用"以及"运营管控一体化应用"等方面，如图5-4所示。

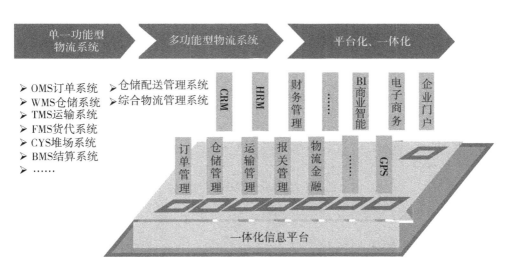

图 5-4　一体化信息平台（示意图）

为更好地达到信息协同，实现信息平台的一体化，现代物流企业信息化建设以实现"智能、智慧"为终极目标，着力于构建"技术体系+标准化体系"两大支撑体系，围绕"生产管控一体化，产业供应链一体化，资产全生命周期管理"三大主线，提升"全面感知、优化协同、预测预警、科学决策"四项能力，实现"数字化、集成化、模型化、可视化、自动化"五化特征，对应"基础技术、作业执行、订单协同、营运管控、战略决策"五大层级(见图5-5)，最终实现建立从"决策层—管理控制层—业务操作层"自上而下的全透明综合信息平台(见图5-6)，快捷地进行数字决策、敏捷决策，持续提高企业竞争力。

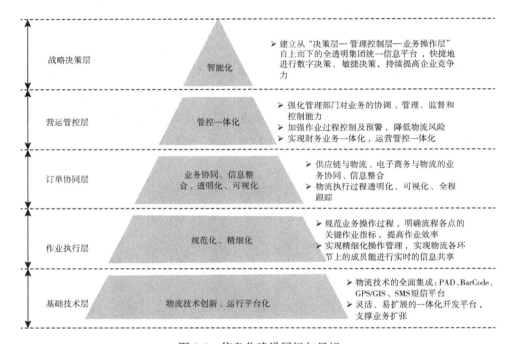

图 5-5 信息化建设层级与目标

(三) 服务协同一体化

现代物流企业以满足消费者日益增长的需求为出发点，在物联网的大环境下，不断开展物流服务模式的改革创新，降低物流成本，提高物流效率、效益，完善服务措施，进而提升企业自身竞争力。现代物流服务协同需要基于系统化的思想，在物联网的环境下将各种有效资源整合在一起，形成一体化的物流服务网络，单个物流系统要与其连接的整个供应链协同一致，为客户提供高

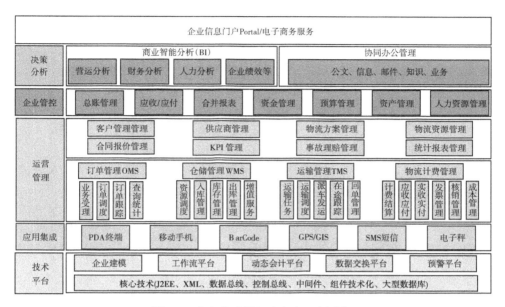

图 5-6　信息化建设解决方案(示意图)

效、便捷、满意的服务,实现整个物流系统的服务协同。

　　基于服务协同,现代物流企业可以形成服务的价值链,通过各种作业活动创造价值的动态过程进行服务价值的创新,具体表现在为客户提供现代物流服务的过程中,通过对物流、资金流、信息流等的集成,提供能够满足市场需求的具有竞争力的物流服务,是各种价值创造因素驱动的结果。它反映了企业的内部环境、组织架构、企业文化等各种因素对价值创造活动的支持和驱动,是现代物流服务企业以客户需求为中心的体现。

　　物流服务的价值链在发展过程中也会随着服务协同的发展变化而进行演变,使自己在激烈的市场竞争环境下不断优化和完善,不断提升自身的运转效率和收益,降低成本,并获得可持续的发展。现代物流服务的价值创造过程与传统制造企业既存在差异也存在联系,从运营的角度看,任何一个企业组织的生产运营过程都能够视为一个"投入—转化—产出"的过程,即企业通过投入原材料、机器设备、生产技术、人力资本、信息等各种企业资源和基础设施,并经过一系列转化步骤，最后产出企业产品的过程，如图5-7所示。

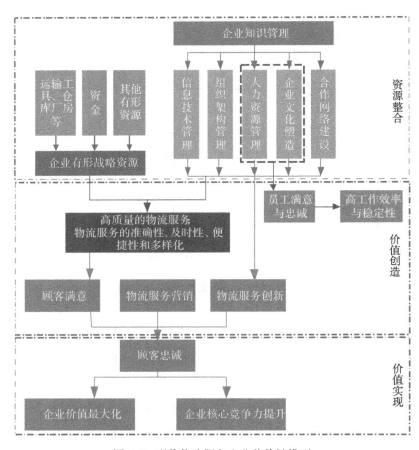

图 5-7　现代物流服务企业价值链模型

现代物流服务企业价值创造过程与传统制造业的区别和联系决定了它具有服务企业和制造企业的兼具的特性。因此，可通过波特的基本价值链理论和服务价值链理论两个工具来构建其价值链模型，描述其服务价值创造活动的过程和服务价值驱动因素的作用，同时充分考虑以上两个价值链分析工具的适用性和局限性，具体如图5-8所示。

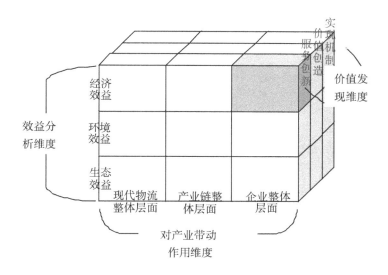

图 5-8　现代物流企业的价值发现立方体模型

（四）管理协同一体化

在当前的物流管理活动中，分散管理、经验管理等粗放的管理方式普遍存在，在物流管理过程中出现了无服务规范和管理流程等现象，这大大降低了物流管理的效率，导致信息沟通不畅、管理松散，不能全面满足客户的需求。

管理协同主要针对当前存在的信息孤岛、各模块独立运营等情况，提倡加强物流系统各子系统之间的协作，注重内外部资源的合理优化配置及资源的有效整合，提升企业内部信息的流畅和标准化①。现代综合性的物流企业通常采用二层或三层组织结构体系，即总部物流中心—区域配送中心—节点公司，实行企业集中管控、区域协同运营、节点分布操作的模式，具体如图 5-9 所示。

随着精细化管理要求的提高，客户物流服务一体化、专业化、综合化需求的变化，"整合发展、转型创新"将成为现代物流企业管理协同发展的主题，增值创新型业务成为新的利润增长点，在向现代物流转型升级过程中，物流企

---

① Campbell A. M., Clarke L., Savelsbergh M. W. P. The Inventory Routing Problem[J]. Fleet Management and Logistics，1998：95-113.

业面临着诸多管理挑战，具体如图 5-10 所示。

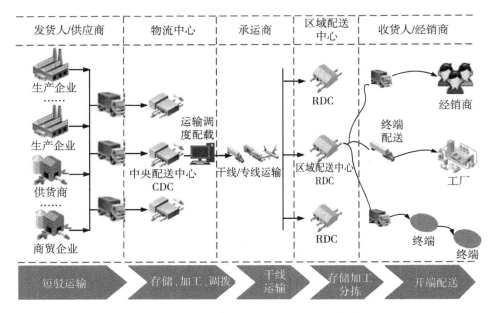

图 5-9　综合物流企业业务管理运营模式

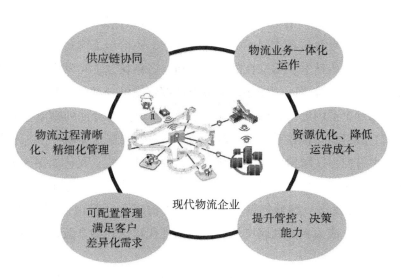

图 5-10　现代物流企业面临的管理挑战

　　与此同时，成品油销售企业涉及的物流运营体系中包括物流组织和运输环节、核心业务流程、辅助决策支持和信息汇集监管的问题，为了解决以上环节、流程和应用中存在的问题，需要实现物流基础管理和作业管理的信息化，需要基于物联网技术使物流的全过程可追踪和可视化、服务质量和完成质量的监控和追溯，需要根据收集的数据对资源进行优化和智能调度，需要结合云计算和大数据实现智能信息处理并为决策提供支持，因此，运营体系的构成要素可以进一步细化，如图 5-11 所示。

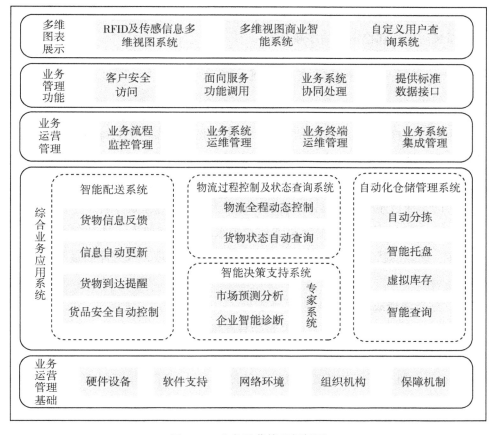

图 5-11　业务运营管理框架图

综上所述，根据以上四个维度的分析发现，信息协同贯穿于现代物流系统的每一个维度，由此可见，信息协同是物流网环境下现代物流协同一体化最为关键的协同因素。基于信息协同，技术协同、服务协同和管理协同能够更好地在一体化的思想下发挥更大的协同优势，促进现代物流的协同发展。

二、成品油现代物流一体化协同序参量方程的分析

本节基于协同理论，通过构建序参量方程对协同一体化物流系统的协同性及稳定性进行分析。通过建立序参量方程，对序参量方程进行求解，得出影响物流系统协同性和稳定性的序参量。

(一)复杂系统序参量方程的建立方法

1. 协同学的概念

协同学是自组织的主要组成理论，它主要是对由多个子系统构成的整体系统的演化发展进行研究，在开放的环境中通过内部子系统之间的协同作用，使得各子系统之间有效配合和运转，从而达到整体系统新的有序、平稳状态。

协同学通过序参量来描述系统的宏观行为，序参量来源于各个子系统之间的运动(协同与竞争)，并主导和支配着子系统的发展状态，推动整个系统向更有序、高级的状态发展演化。我们根据协同学的原理，探究序参量对整体系统的影响。

2. 序参量形成的必要条件

根据协同学的基本概念，序参量主导和推动着整个系统和各个子系统之间的运作和变化，而序参量的形成则需满足一定的条件：

(1)开放性。系统的开放性表示系统能够与外部环境相互联系，主要交换信息、能量的物质，使得系统不断发展变化，从而形成新的有序状态，相应的，封闭性系统则不与外部环境发生关联，不受外部环境的影响。系统的有序发展是以开放性为前提的，只有与外部环境发生关联并进行物质、能力和信息的交换，才有利于系统向更有序的新结构发展。

（2）非线性特性。系统中的各个子系统在自我运转的同时，也与其他子系统发生关联和相互作用，产生协同效果。这些子系统之间的协同不是简单的线性相加，且线性作用只能使系统处于无序和混沌状态，因此，系统的有序发展需要通过非线性作用来实现，使各子系统之间的协作产生更大的作用。

（3）协同性。协同是系统演化发展的一个重要驱动力，由于系统是与外部环境存在交换且其内部各子系统是相互关联的，因此子系统之间的协同显得尤为重要，通过协同联合起来可以在非平衡的条件下产生更大的效用，进而能够更好地促进系统的发展。

3. 协同学处理序参量的过程

协同学对序参量的处理过程可以遵循以下步骤：首先，基于系统当前状态开展线性稳定性分析，区分非稳定和稳定模式；其次，采用支配原理将稳定模式剥离，构建序参量方程；最后，对序参量方程进行求解，描述整体的宏观结构①。

（二）物流一体化系统序参量方程的建立

针对成品油销售企业出现的物流协同一体化问题，我们采用协同学处理序参量的过程，主要从四个方面展开分析，即技术协同、信息协同、服务协同和管理协同。系统的效率是根据子系统间的协同作用呈现出来的，技术协同、管理协同、服务协同都受到信息协同的主导和支配，同时又反作用于信息协同，影响信息协同。另外，考虑到成品油销售企业物流系统的复杂性和特殊性，我们将非人为干扰因素引入其中作为变量，构建序参量方程②。

据此构建的现代物流系统协同方程如公式（5-1）所示。

---

① 刘维. 耗散结构理论基础［M］. 东北林业大学出版社，2008.
② 周扬. 物联网环境下多维度协同物流管理研究［D］. 湖南大学博士论文，2013.

$$\begin{cases} \dfrac{\mathrm{d}s_1}{\mathrm{d}t} = \beta s_1 + a_1 s_5 \\[2mm] \dfrac{\mathrm{d}s_2}{\mathrm{d}t} = \ln(s_2 + a_2) + a_3 s_5 \\[2mm] \dfrac{\mathrm{d}s_3}{\mathrm{d}t} = \arctan(s_3 - a_4) + a_5 s_5 \\[2mm] \dfrac{\mathrm{d}s_4}{\mathrm{d}t} = \dfrac{\sin(s_4 - a_6)}{s_4} + a_7 s_5 \\[2mm] \dfrac{\mathrm{d}s_5}{\mathrm{d}t} = m_1 s_5^{\alpha} + m_2 s_1 + m_3 s_2 + m_4 s_3 + m_5 s_4 \end{cases} \qquad (5\text{-}1)$$

其中, $s_i(i = 1, \cdots, 5)$ 分别代表技术协同、信息协同、服务协同、管理协同和人为干扰因素的状态, $\dfrac{\mathrm{d}s_i}{\mathrm{d}t}$ 代表系统协同效率, a_i 和 m_i 为系统协同参数。

根据公式(5-1)可知, s_1、s_2、s_3、s_4 均受到 s_5 的支配, s_5 通过外参量 $\alpha(\alpha > 0)$ 调节系统的非均衡性来刻画系统的宏观状态,因此, s_5 为系统的序参量。分别令 $\dfrac{\mathrm{d}s_i}{\mathrm{d}t} = 0$,可得:

$$s_1 = -\frac{a_1}{\beta} s_5$$
$$s_2 = 10^{(-a_3 s_5)} - a_2$$
$$s_3 = \arctan(-a_5 s_5) + a_4$$
$$\frac{\sin(s_4 - a_6)}{s_4} + a_7 s_5 = 0 \qquad (5\text{-}2)$$

分别取 s_4 为 $\dfrac{\pi}{3}$、$\dfrac{\pi}{2}$、$\dfrac{2\pi}{3}$、π 时,可得到 s_5 的值为:

$$\begin{cases} s_5 = 0.3892 \\ s_5 = 0.1325 \\ s_5 = -0.0225 \\ s_5 = -0.1447 \end{cases}$$

将此结果代入式（5-1）中，可得：

$$\begin{cases} \dfrac{ds_5}{dt} = m_1 s_5^\alpha + m_2\left(-\dfrac{a_1}{\beta}s_5\right) + m_3(10^{(-a_3 s_5)} - a_2) + m_4(\arctan(-a_5 s_5) + a_4) + 0.3892 m_5 \\[2mm] \dfrac{ds_5}{dt} = m_1 s_5^\alpha + m_2\left(-\dfrac{a_1}{\beta}s_5\right) + m_3(10^{(-a_3 s_5)} - a_2) + m_4(\arctan(-a_5 s_5) + a_4) + 0.1325 m_5 \\[2mm] \dfrac{ds_5}{dt} = m_1 s_5^\alpha + m_2\left(-\dfrac{a_1}{\beta}s_5\right) + m_3(10^{(-a_3 s_5)} - a_2) + m_4(\arctan(-a_5 s_5) + a_4) - 0.0225 m_5 \\[2mm] \dfrac{ds_5}{dt} = m_1 s_5^\alpha + m_2\left(-\dfrac{a_1}{\beta}s_5\right) + m_3(10^{(-a_3 s_5)} - a_2) + m_4(\arctan(-a_5 s_5) + a_4) - 0.1447 m_5 \end{cases}$$

$$(5-3)$$

该式为序参量方程，下面通过对该方程进行求解来刻画多维度协同一体化物流系统协同的宏观行为。

（三）现代物流系统序参量方程的求解

根据上一节构建的序参量方程，现代物流系统方程可以表示为：

$$\begin{cases} \dfrac{ds_5}{dt} = m_1 s_5^\alpha + m_2\left(-\dfrac{a_1}{\beta}s_5\right) + m_3(10^{(-a_3 s_5)} - a_2) + m_4(\arctan(-a_5 s_5) + a_4) + 0.3892 m_5 = y_1 \\[2mm] \dfrac{ds_5}{dt} = m_1 s_5^\alpha + m_2\left(-\dfrac{a_1}{\beta}s_5\right) + m_3(10^{(-a_3 s_5)} - a_2) + m_4(\arctan(-a_5 s_5) + a_4) + 0.1325 m_5 = y_2 \\[2mm] \dfrac{ds_5}{dt} = m_1 s_5^\alpha + m_2\left(-\dfrac{a_1}{\beta}s_5\right) + m_3(10^{(-a_3 s_5)} - a_2) + m_4(\arctan(-a_5 s_5) + a_4) - 0.0225 m_5 = y_3 \\[2mm] \dfrac{ds_5}{dt} = m_1 s_5^\alpha + m_2\left(-\dfrac{a_1}{\beta}s_5\right) + m_3(10^{(-a_3 s_5)} - a_2) + m_4(\arctan(-a_5 s_5) + a_4) - 0.1447 m_5 = y_4 \end{cases}$$

基于以上方程的复杂性，无法得出具体的解析解，因此我们采用数值分析的方式进行求解。我们假设参数值为：$m_i = 1$，$a_i = 1$，其中 $i = 1, \cdots, 7$；β 是斜率的夹角度数，取值分别为 $30°$、$45°$、$60°$；α 是斜率，取值大于等于 1。

首先，考虑固定 $\alpha = 2$ 时，β 取值分别为在 $30°$、$45°$、$60°$ 的情况下的结果。具体情况如图 5-12 至图 5-14 所示。

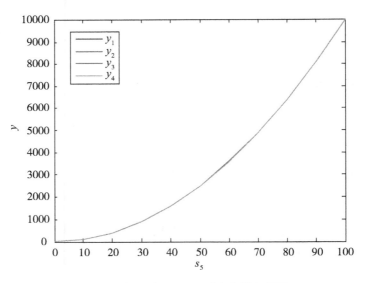

图 5-12　固定 α 时，β=30°时序参量方程的解

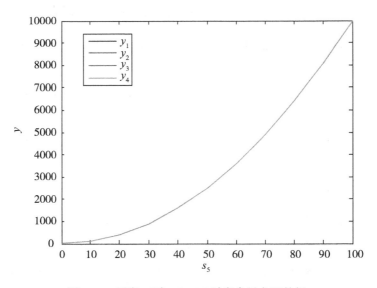

图 5-13　固定 α 时，β=45°时序参量方程的解

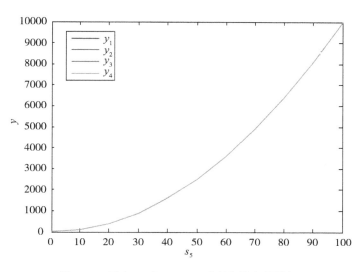

图 5-14　固定 α 时，$\beta = 60°$ 时序参量方程的解

　　下面主要考虑固定 β 为 45°时，$\alpha = 1$、1.5、2 时的结果。具体情况如图 5-15至图 5-17 所示。

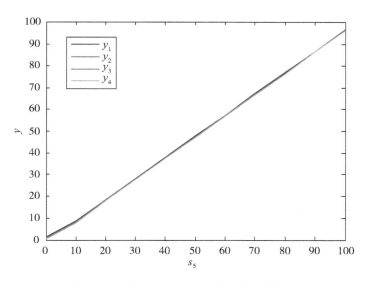

图 5-15　固定 β 时，$\alpha = 1$ 时序参量方程的解

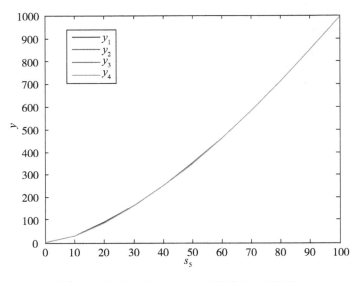

图 5-16 固定 β 时，$\alpha = 1.5$ 时序参量方程的解

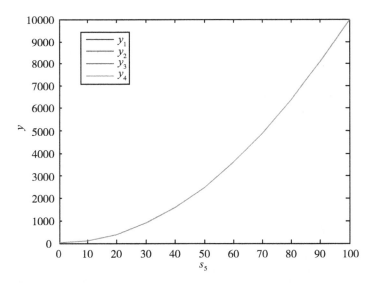

图 5-17 固定 β 时，$\alpha = 2$ 时序参量方程的解

（四）以 X 集团大区销售公司为案例的结果分析

根据以上序参量模型的建立求解，结果可以描述如下：

（1）当为 s_4 选取不同取值时，y_1 到 y_4 基本上完全重合，对系统协同效率影响不大。由此可以看出，非人为干扰因素对系统的协同性并没有显著的影响。

（2）s_2 和 s_3 是关于 s_5 的函数，则 s_5 对 s_2 和 s_3 起着支配作用，s_2 和 s_3 的取值不对系统的协同性产生作用，仅与外参量 α 有关。所以，服务协同与管理协同都与信息协同紧密相关，通过信息协同实现物流系统的高效运转和优化提升。

（3）s_1 通过参数 β 对系统的协同性产生影响，根据图 5-12 至图 5-14 所示，β 值的变化对系统的协同性无显著影响，因此，技术协同在物流系统协同性上较为稳定，也避免了技术频繁更迭而带来的成本增加等。

（4）s_5 是整个物流系统的序参量，对整个系统的涨落起着主导作用。通过 α 的不同取值可以看出系统的状态，α 的值越小，系统也逐步达到了更高效的平衡状态。因此，信息协同作为序参量，是物流系统协同过程中的关键因素，发挥着至关重要的作用，通过信息协同的主导和支配作用，物流系统可以达到更高效的运行状态。

通过探讨成品油销售企业现代物流系统的协同一体化问题，得出信息协同在系统中起到主导力量，是整体系统的序参量。因此，构建成品油销售企业的物流一体化系统和在后期的改进过程当中，信息协同要同步跟进。

（1）硬件。硬件设备的先进性、兼容性对系统的效率有很大的影响，较高的先进性和兼容性可以提高系统运作效率，并有利于减少资源的浪费，节约人力，降低成本，从而更好地增加系统的协同性。

（2）软件。系统软件对其内部和外部的协同均有很大的影响，基于软件的兼容性和耦合性，可以加强系统内外部的联系，形成互联互通的状态，避免信息孤岛的出现，促进系统协同的有序发展。

（3）管理措施。有效的管理是物流企业发展的良好举措，信息协同为现代企业物流系统沟通的流畅性和及时性奠定了重要基础，也是物流企业人力、设施设备、资源等之间的协同发展的重要推动力，实现系统的高效运转。

　　本章以 X 集团大区销售公司为案例，首先，针对成品油销售企业现代物流管理面临的协同一体化问题展开分析；其次，重点针对物联网环境下的现代物流的管理协同一体化、服务协同一体化、信息协同一体化和技术协同一体化四个维度进行分类探讨；最后，研究借鉴协同理论，通过构建现代物流协同一体化序参量模型并求解，发现信息协同在系统中起到主导力量，是整体系统的序参量。因此，构建成品油销售企业的物流一体化系统和在后期的改进过程当中，应该重点考虑推进信息协同。

第六章　成品油物流内部一体化
协同优化研究

根据物流内部一体化协同的具体内容，本章从成品油运输子系统、库存子系统、配送子系统和物流信息子系统四方面对物流内部一体化协同进行优化研究。

一、成品油运输方式及系统优化

我国虽然土地幅员辽阔，但是石油开采和加工呈现区域集中的情况，主要集中区域在东部，中西部的石油开采和深加工都为辅助梯次，因此，石油采购和成品油销售面临的是跨区域的竞争，而物流效率必然影响竞争优势的体现。成品油运输中如果运距过长，会使运输成本以几何倍数增长，因此，研究成品油的运输问题是非常有必要的，本章主要探讨成品油运输的特点、运输工具的选择等问题，针对发现的问题，构建成品油运输系统。

(一)成品油运输方式及特点

物资在空间中的移动轨迹会形成物流线路。在一定的交通工具的辅助下，物资从空间地理位置的一个点，按照一定的线路到达空间地理位置的目的地，即完成物资的运输活动。但是在运输过程中，空间中的线路不只存在唯一的一条路径，可能会有多条线路供选择。此外，不同的路线，可能包含陆地、河流、海洋等不同的地理环境，那么所选择的交通工具也会随着面对的地理环境不同而不同。从而，选择不同的物质运送线路，会依据不同的地理环境选择不同的交通运输工具，不同的交通运输工具之间也存在互补性和依赖性，其运输成本也会跟交通工具的选择而不同①②③。然而，有较多的研究表明，通过一种交通工具，独立地、一次性地完成物资从门到门的物流运输活动是几乎不可能的④，比如铁路，从铁路货运中心到物流仓储，可能需要汽车进行转运⑤。另外，独立地完成运输可能会比混合型的交通工具相互搭配成本更高，比如，普通的高速公路长途运输的每里程平均费用高于铁路和水运的成本⑥。为更清晰地解析不同物流运输方式的不同与优劣，将进一步对不同的物流运输方式进行对比分析，如表6-1所示。

表6-1　　　　　　　　　　　物流运输方式对比分析

类型	优势	劣势	适用性
水路运输	运输工具能够承接的运输任务大，单位承载力高，维护成本低，单位运输成本低	对地理环境有较高要求，速度较慢，时效性差，灵活性不高	大宗货物运输、对时效要求不高，追求成本最小化
铁路运输	连续性运输能力强，受自然环境限制低，有铁路连接的地方即可以通过铁路进行运输，长途、大量货物运输成本较低	基础设施建设投入较高，运送时间较长，灵活性不高	中、远程大量货物配送

① 南超兰. 基于距离和时间的物流运输路线优化分析[J]. 物流科技，2012(12)：103-105.

② 叶一芃，张小宁. 基于随机运输路径选择的物流中心选址模型[J]. 管理科学学报，2017，20(1)：41-52.

③ 刘家睿. 物联网技术发展与智慧物流[J]. 铁路采购与物流，2017(5)：59-60.

④ 刘铁鑫. 面向复杂货流的综合运输组织方式优化研究[D]. 武汉理工大学，2010.

⑤ 刘家睿. 物联网技术发展与智慧物流[J]. 铁路采购与物流，2017(5)：59-60.

⑥ 王婕妤，徐海成. 一种高效的基于公路运输成本计量的路径选择设计[J]. 计算机与数字工程，2017，45(8)：1519-1522.

类型	优势	劣势	适用性
公路运输	多用于货物集散，运送方式灵活	单位运载量较低，人为干扰因素较多，成本高	中、短途少量货物集散
管道运输	损耗小、量大	建设成本高，维护费用高，只能针对特殊货物进行运输	燃油、天然气等适用于管道配送的货物

在内陆地区，相比于其他运输方式，成品油管道运输有着显而易见的优点。它能够依据消费者对成品油的需要随时调整供给，实现供需平衡，并且可以避免因自然环境条件的变化而产生的影响。管道运输可以沿辐射区域和路线直接向销售区域供应原油，对产、炼、销一体化的实现是有利的。此外，它还具有环境污染少、运行成本低、油耗低的优点。所以，提高成品油的管道运输占比是大势所趋。与之相比，在沿河、沿海、沿江地区，成品油水运所占比例较大。

(二) 成品油运输方式的选择

1. 成品油运输流程分析

具体来讲，可以将成品油的运输划分成两个过程：第一次运输过程是从炼化企业到油库，第二次运输过程是从油库到加油站。成品油运输流程如图 6-1 所示。

第一次运输是指成品油从各个炼化企业到油库中心，流程如图 6-2 所示。成品油销售企业根据消费者需求，向油库中心提供进货申请，有关部门根据调度计划对相关账目进行核算等。

由图 6-2 可知，成品油销售企业可以进行多方的进货申请，并不针对单一的油库中心，同样大区销售公司也可以向不同的炼化企业进行采购。

依照我国的实际情况来看，第一次运输就是通过管道运输、铁路运输、水路运输等方式由 X 集团大区销售公司这样的大区公司向炼化企业发送进货申

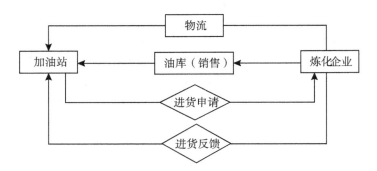

图 6-1 成品油运输流程图

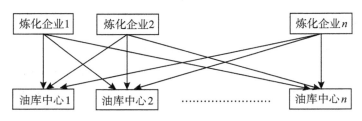

图 6-2 第一次运输流程图

请，将成品油从炼化企业运输到大区、省区销售公司的油库。X 集团大区销售公司，主要进行第一次成品油的运输过程，其费用在总体物流费用中的占比为80%。伴随西部地区一次配送的增加、炼油产能的扩张以及较高的运输成本，过去根据人工经验的"西油东调""北油南调"已经不适合于现代物流体系建设的需要。大区销售公司为了实现成品油的科学调度，达到石油资源配置优化的功能，提高快速响应市场的能力，应从成品油销售的需求端着手，使用现代信息技术，引入国外成熟的成品油运输管理软件实现一次运输的低成本和高效率。

第二次运输是指从大区或省区销售公司的油库出发，将成品油运输到各个省区销售公司的加油站，最后送达消费者的运输过程，流程如图 6-3 所示。

由图 6-3 可看出，在第二次运输的过程中，涉及的企业主体明显高于一次运输，且运输过程更为复杂，在第二次运输中，成品油最终会送达到消费者，

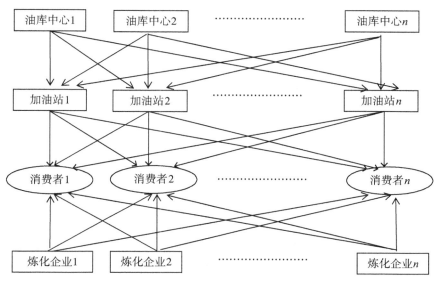

图 6-3　第二次运输流程图

主要有两种形式：第一种是成品油经由零售商销售出去；第二种是去除中间环节，经由批发商直接送达消费者。

在成品油的运输中目前我国主要采取的是"三级管理，三级进货"模式，这种运输模式有以下五点缺陷：

（1）这种三级管理的模式延长了中间的产业链条，导致在运输中存在很多的中间环节，最终致使办事效率低下、管理机构冗余。

（2）因为大区销售公司管理固定的成品油库，那么省区销售公司会追求从大区公司油库发运，尽可能减少自有油库的周转来降低安全风险，必然导致资源不能合理地流动和部分油库资产利用率低，从而运输成本会大幅度增加。同时，有的省区公司因销量高需要频繁补货，导致运力不足。

（3）在物流运输过程中频繁出现长鞭效应，长鞭效应是物流企业在进行决策时，为保证市场供应而往往更注重下游企业的需求，这样会导致需求被不断地扩大，生产商得到反馈的信息后生产大量的产品，但是在销售时产生产能过剩的情况。

(4)X 集团成品油的销售是以行政区进行划分的，但是这存在很大的缺陷，因为在第二次运输的过程中极易出现迂回运输，产生很高的运输费用，且由于没有实现合理的配载，而导致运输资源的浪费。同时，每个公司均追求自身利益的最大化，未考虑整体物流系统的运作，致使各个油库运行之间是割裂开的，未发挥协同效应。

(5)以行政区域划分销售范围，会产生另外一个问题，即省区销售企业没有统一优化的思想，比如在物流信息技术的应用方面，均是各自为政，导致滞后的信息化建设。同时，这种落后的思想同样反映在运输线路的选择上，每个销售企业均选择自己运距最短的路程，并没有整体协同的思想。

2. 成品油运输方式方案选择的设计

依据上述的分析可看出，铁路运输、水运运输、公路运输和管道运输是成品油运输必须依靠的四种运输方式。要实现成品油销售物流领域的利益最大化，首先要对运输工具的费用进行计算对比得出最优的运输方式。不同运输方式的运输费用比较如表 6-2 所示。

表 6-2 　　　　　　　　　　**不同运输方式的运输费用比较①**

运输方式	管道运输	公路运输	铁路运输	水路运输
运输费用	1.0	20.68	4.6	0.8

数据来源：李永杰专著《管道运输·中国物流年鉴（2002）》。

从表 6-2 可以看出，水路运输在四种运输方式中所产生的运输费用最低，但是我们知道，水路运输受自然环境的限制，若是在干旱的时节，通常因水位过低而不适于水路运输，因此需要找到其替代的运输方式。那么管道运输的运输费用同样较低，明显低于公路运输和铁路运输，并且管道运输不受气候等自

① 李永杰. 管道运输. 中国物流年鉴（2002）［M］. 北京：中国物资出版社，2002：99-104.

然环境的影响，依据消费者的实际情况对成品油进行供应，那么加强全国的管道建设成为必要。公路运输虽然运输费用最高，但是适宜于短途运输，比较灵活。所以四种运输方式应进行协同，根据各自的特点，扬长避短，实现成品油的成功配送。有关各种运输方式的运输损耗比较分析，如表6-3所示。

表6-3　　　　　　　　　　**不同运输方式损耗比较分析**

	管道运输	公路运输	铁路运输	水路运输
燃料损耗	2	17	4	1
运输损耗(%)	0.2~0.3	0.45	0.71	0.41

数据来源：李永杰专著《管道运输·中国物流年鉴(2002)》。

从表6-3可以看出，水路运输和管道运输在运输损耗方面均处于最低水平，公路运输的燃料损耗是最高的，极易对环境产生废气污染，企业在挑选运输方式时应依据各自的特点进行。同时，经李永杰测算，在成品油运量较小时，管道运输与其他运输方式在成本上相差无几。但是，一旦运量增加到一定程度，成品油的运输成本就会快速下降。

在不同的运输距离条件下，依据国内管道运输的价格，可测算出与其他运输方式相比，管道运输的最低运输量，管通运输最低运输量与其他运输方式的比较如表6-4所示。

表6-4　　　　　　　　　　**管道运输最低运输量与其他运输方式的比较**

运距 (千米)	与水路运输相比 (万吨)	与公路运输相比 (万吨)	与铁路运输相比 (万吨)
25~100	50	50	50
200	100	50	75
300	150	50	100
400	200	50	150

续表

运距 （千米）	与水路运输相比 （万吨）	与公路运输相比 （万吨）	与铁路运输相比 （万吨）
500	200	—	200
1000	400	—	300
1500	400	—	300
2000	400	—	300

数据来源：李永杰专著《管道运输·中国物流年鉴（2002）》。

从表6-4可以得出以下几点：

（1）与水路运输相比。

与水路运输相比，如果成品油的运输距离小于1000千米，管道运输成本同样较高，因此不适宜用管道运输，没有发挥其自身的运输优势。

成品油每年的运输总量小于200万吨，并且如果成品油的运输距离大于500千米却小于1000千米时，能够使用管道运输。

如果成品油的运输距离大于200千米却小于500千米时，成品油每年的运输总量必须大于150万吨，才能够使用管道运输。

如果成品油的运输距离大于100千米却小于200千米时，成品油每年的运输总量必须大于50万吨，才能够使用管道运输。

成品油每年的运输总量小于25万吨，并且如果成品油的运输距离小于100千米时，不适宜使用管道运输。

（2）和公路运输相比。

与公路运输相比，如果成品油每年的运输总量大于50万吨，成品油的运输距离大于50千米时，除了公路运输，不能使用其他运输方式，这时候可以用管道运输输送油品。

成品油每年的运输总量小于25万吨，并且如果成品油的运输距离小于100千米时，不适宜使用管道运输。

（3）和铁路运输相比。

成品油每年的运输总量小于 300 万吨，并且如果成品油的运输距离大于 1000 千米时，可以使用管道运输替代铁路运输。

如果成品油的运输距离大于 100 千米却小于 500 千米时，成品油每年的运输总量必须大于 75 万吨，可以使用管道运输替代铁路运输。

成品油每年的运输总量小于 25 万吨，并且如果成品油的运输距离小于 100 千米时，不适宜使用管道运输；只有成品油每年的运输总量大于 50 万吨，成品油铁路运输的成本明显高于管道运输，因此可以使用管道运输。

从上述分析可知，物流企业想要降低物流运输成本，必须以管道运输为主、水路运输为辅，其他运输方式作为补充的物流运输体系。

（三）成品油运输系统构建及其优化

成品油物流运输子系统的优化主要从以下几个方面进行：

1. 制订最佳方案

在成品油运输中，需要考虑自身供油能力、炼化企业所处位置、加油站所处位置以及油库，综合各种情况选取合理的运输方案，然后可依据不同的自然环境等的变化，制订应急的运输路线。在确定各种运输路线后可让技术人员构建运输模型，在实际的运输过程中，根据不同的条件，将参数值放入运输模型，即可获得最佳的运输方案。

2. 收集相关物流资料，保证构建的物流模型可有效运行

在确定最佳方案后，要收集在模型中需用到的数据，如果缺乏支撑的数据资料，那么建立的最佳方案是不能真正执行的，模型同样无法使用。因此在实际的工作中，需要定时对所需数据进行收集和整理，要着重关注运输费用的数据，例如炼化企业到油库中心产生的成本或者炼化企业省去中间环节直接运输到加油站所产生的费用等数据，然后依据收集到的数据，可计算出最优的运输路线，降低运输的成本。

3. 建立明确的运输模型

据上文所知，具体来讲，可以将成品油的运输划分成两个过程：第一次运输过程是从炼化企业到油库，第二次运输过程是从油库到加油站。在运输环节

可依据运筹学的最短路来构建运输模型，构建运输模型后可利用计算机进行计算，得到各个模型的最低费用，选择适合的运输路线。

二、成品油库存控制及其优化

在成品油销售企业物流系统协同化与一体化发展过程中，库存管理将一直是管控的核心要素。鉴于成品油生产与运输的特殊性，成品油销售企业的库存管理涵盖了周期性库存，季节性库存、安全缓冲库存以及最低保障库存等多维要素，销售企业合理库存是这些库存量在各类环境要素共同作用下的协同。

综上所述，成品油销售企业的库存管理涉及的多方面的内容①，包括：库存合理布局、需求合理预测、供应商管理库存(VMI)、提前期、多仓库等，因此，成品油销售企业在解决成品油的库存管理问题时，存在两难的抉择。在已有研究中，针对库存管理的量化分析已有较多成果(主要集中于制造业)，但专门针对成品油销售企业的库存管理研究还需进一步完善，尤其值得注意的是，成品油销售企业库存控制系统处于一个高度动荡的环境之中，环境的多变性、复杂性将导致库存管控的要素相互交织，理论与实践脱轨，无法有效阐析成品油销售企业的库存控制，仍需进行深入的探索。因此，对于成品油销售企业，研究基于物联网构建物流一体化库存结构与控制方法，实现从战略层到实践层的系统管理具有较强的必要性和可行性。

本节将基于物流一体化的思路对成品油销售企业库存控制系统进行深入剖析，将概要分析一体化库存控制系统的组成、结构以及协同控制模型，重点探索成品油销售企业基于数据驱动的一体化库存控制策略，包括：油库流量分析模型、"布局—供应—库存控制"CLPI集成模型以及库存控制线研究。

---

① 田立新，唐焕超．成品油单周期库存与运输联合优化[J]．系统管理学报，2009，18(5)：588-590.

（一）成品油库存控制系统分析

1. 库存控制的目标

库存是经济活动中的一种常见现象，是物流过程中的一种停滞状态[①]。就其重要性而言，库存资产一般占企业总资产 15%～40%，王春豪（2017）[②]在研究中进一步提出了精益库存管理的概念，并验证了精益库存管理对制造型企业管理绩效的正向作用。大量实践证明，库存将提高企业的运营风险，占用企业大量的资金，还可能掩盖企业生产运营过程中的大量矛盾，如图 6-4 所示。

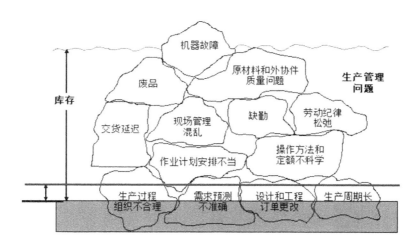

图 6-4　库存可能掩盖的问题

"提质增效"是企业进行库存控制与管理的目的所在。就一般企业而言，库存管控需要解决的是如何高效地进行生产，如何高效地履行订单，如何高效地提供服务，以及在上述过程中高效的实现价值创造与价值转移。因此，企业

①　陈虎，韩玉启，王斌. 基于系统动力学的库存管理研究［J］. 管理工程学报，2005，19（3）：132-140.

②　王春豪，张杰，马俊. 精益库存管理对企业绩效的影响研究——来自中国制造业上市公司的实证检验［J］. 管理评论，2017，29（5）：165-174.

库存管控的目标应是在满足客户需求的基础上，最大限度地实现库存水平的降低，库存资金投入的减少，以及整体物流效能的全面提升。

按照成品油从炼化企业到最终消费者的流通环节，X集团大区销售公司的成品油销售主要包括直销、零售、批发三大市场，成品油销售链条如图6-5所示。

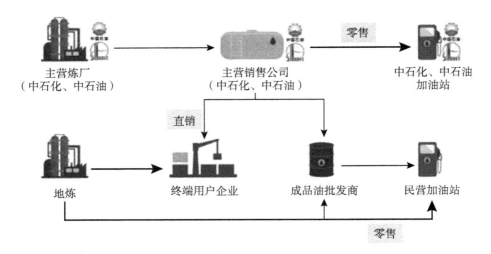

图6-5　成品油销售链条

根据当前形势下成品油销售供应链的运营情况，成品油销售企业合理库存管控的内涵应包括以下要点[①]：

（1）合理管控市场需求：能够配合当期成品油生产，满足成品油市场的正常供应，不出现市场供应滞后或间断，同时具备淡储旺销的季节调节能力，均衡整体运输组织。

（2）合理应对市场波动：库存量可有效应对市场需求的波动。

（3）合理降低成品油库存量，实现库存成本最低。

---

① 朱海龙，徐敬波. 西部地区成品油合理库存探讨[J]. 国际石油经济，2012，20（8）：86-90.

（4）合理库存可归属于油库可调运使用的周转库存。

2. 库存控制的内容

库存控制管理贯穿于物流的全流程，是物流全生命周期的过程管控。需要在物流过程的各个环节进行有效的管控，表6-5概要介绍了库存控制的主要内容。

表6-5　　　　　　　　　　　　库存控制的主要内容

序号	控制内容	内容描述	成品油销售企业的控制内容
1	库存水平相关	（1）对生产所需物料的用量预测 （2）对库存产品及物流的资产盘查 （3）物料采购与生产计划的制订	（1）对上游炼化企业生产数量的管控 （2）对油库库存量的管控 （3）对库存的合理摆布 （4）油品调运计划安排 （5）油品调运方式安排 （6）吨油成本核算 （7）主动配送计划安排
2	订货计划相关	（1）订单的下达时间，选择恰当的补货时间及数量 （2）物料配送方式的选择 （3）物流配送时间的安排	
3	订货数量相关	（1）订单数量的计划 （2）对订货成本以及库存成本的核算 （3）经济订货量的确定	

可见，上述库存控制的内容主要针对企业合理库存量与订货时间、订货量的问题，管控的关键是缩短流通周期，减少中间环节，避免逆向物流以及高效利用运力。

3. 库存控制系统的组成要素

库存控制系统管控必须要回答的问题是：库存量有多少？间隔多少时间对库存量进行一次核查？何时提出补货及补货的数量？基于此，构成库存控制系统的要素包括：需求分析，补货（补货提前期，订货批量），库存成本以及控制方法与策略具体如表6-6所示。

表 6-6　　　　　　　　　　　　　　**库存控制系统构成要素分析**

要素	内　　容	成品油销售企业库存控制系统
需求	(1)在库存资金以及库存空间(容量)约束下的系统输出 (2)需求可基于时间序列的方法进行预测分析,当前更可利用大数据分析方法进行预测 (3)需求有确定性需求和不确定性需求两类 (4)对需求的精准把握是合理制订库存计划(物流采购计划,产品生产计划)的关键	(1)对历史数据进行统计分析 (2)对季节性需求变化进行分析 (3)对区域内容各类产、运、销、存的动态运行数据进行预警和分析
补货	(1)控制系统的输入 (2)合理确定物流补货的提前期,以满足及时生产 (3)合理确定提前订货期,以满足及时的库存补充 (4)提前订货期也可基于时间序列的方法进行统计分析,以寻求对订货周期的判断 (5)提前订货期有确定性和不确定性两种可能	(1)是否以补货制为基础采取主动配送 (2)通过对历史数据的分析,确定主动配送的数量和提前周期 (3)通过对历史数据的建模分析,确定库存的合理上下线
成本	(1)确定库存成本的构成 (2)库存控制系统的基本参数 (3)确定库存成本的核算标准	(1)确定库存成本核算的方式 (2)分析约束库存成本的关键指标 (3)通过建模分析合理的订货量
方法	(1)JIT 看板管理 (2)定量订货:经济订货批量法 EOQ (3)定期订货	
策略	管理策略的关键是:确定在何种情况下进行补货以及补货的数量,有 4 种常用的策略: (1)(R, Q)策略:固定量控制,订货点和订货量都为固定数的控制系统,由订货点水平判断是否订货 (2)(R, S)策略:订货量按实际库存进行确定,由订货点水平进行确定 (3)(T, S)策略:固定间隔期控制,以周期 T 为固定间隔期进行库存量的检测,同时发出补货需求,将库存量补充至最大库存量 S (4)(T, R, S)策略:以固定间隔周期 T 与固定订货点 R 为判断标准,发出补货需求,订货量为检测点时库存量与最大库存量 S 的差值	

（二）成品油库存结构与控制模型分析

随着全球一体化以及信息化技术的不断发展更新，尤其是以"物联网"为代表的"万物互动，万物互联"的智能化技术的深入应用，物流一体化协同化已成为发展主流。以物流调运中心、物流配送中心、物流集散中心、物流园区为典型代表的新型物流节点，正逐步聚合演化为物流网络，并快速朝物流生态圈、生态系统方向发展。

1. 一体化库存系统结构

对于成品油企业而言，上游炼化企业、中间的物流调运中心以及下游的销售企业也急需通过全产业链协同和一体化库存管控来保障整体物流系统最优。依据成品油销售企业供应链的体系，成品油销售企业物流库存的管控需要分层分级实施并对应系统、科学的分析方法：

（1）内部库存一体化：优化企业内部库存管控能力。

在成品油销售企业内部库存系统中，油库间库存的合理摆布形成内部库存的动态网络配置，如图6-6所示。

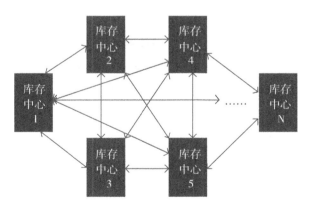

图6-6　成品油销售企业内部库存结构

（2）外部库存一体化：优化企业上下游库存管控能力。

①供应库存（后向一体化）：在成品油物流体系中，以区域性物流中心为

关键节点，炼化企业扮演了供应商的角色，可采用炼化企业直接配送至客户，或通过集中的物流中心进行统一转运和配送，如图6-7所示。

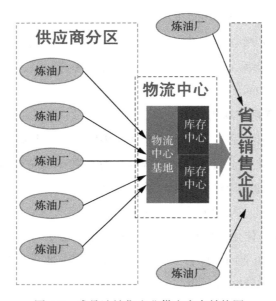

图6-7　成品油销售企业供应库存结构图

②销售库存(前向一体化)：在成品油物流体系中，以区域性物流中心为关键节点，依据所在空间地理位置对客户区划，省区销售企业扮演了区域配送中心的角色，实现将油品转运和配送至终端客户(加油站或机构客户)，如图6-8所示。

(3)网络资源一体化：优化企业产业圈资源配置能力。

国内外实践已经证明，产业链协同、物流网络优化是成品油销售企业物流一体化战略实施的核心要素，如图6-9所示的成品油物流网络体系结构中，区域性物流公司是油品生产与销售之间的"金桥"，是推动石油产业链协调发展的关键环节，汇合上游炼化企业与下游销售企业构建出成品油物流网络，其中一体化库存管控是必然选择。

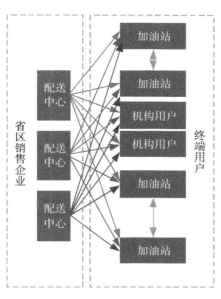

图 6-8　成品油销售企业销售库存结构图

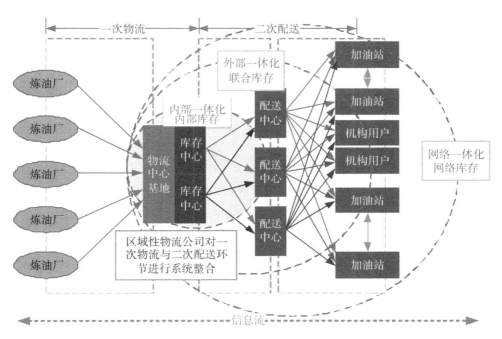

图 6-9　成品油销售企业网络库存截图

3. 一体化库存控制模型

库存控制需要依托模型实现多级库存的优化与控制，可细分为分散型库存控制与集中型库存控制，分散型主要以企业自身为主体，实现灵活、自主、自控的库存管理；集中型库存控制以物流链为主体，以链条上的关键企业为核心，协同上下游产业链进行系统化库存管控，这样的方式需要完善的信息共享机制与物流活动的协同机制。以下对几种典型的库存控制模型做简要介绍与对比。

（1）VMI（供应商管理库存）。

VMI 是一种典型的持续补货方式，通过在供应链链条上建立供应商与客户间的合作关系来实现。其核心理念是由供应商通过信息共享来统一管控客户的库存，其核心是客户向供应商共享原料采购计划，供应商负责满足客户的采购需求，在此过程中客户无需自建原料库存，由供应商统一管理。VMI 模式是的合作方共享采购信息，合并进行总库存管理，进而实现整体物流链总成本。

如图 6-10 所示，展示了 VMI 模式实施的关键条件以及 VMI 运作流程。

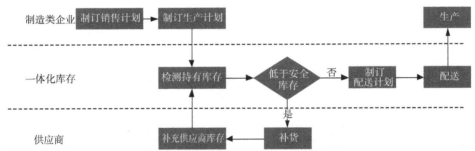

VMI实施条件：
1. 原材料的可得性：原材料来源稳定、市场供给充足，企业能够比较容易从供应商处获得原材料。
2. 供应链的稳定性：与供应商建立稳定的战略合作关系。
3. 物流质量的可靠性：有衡量质量的标准——低成本，高效率，优服务，一体化的物流系统支撑。
4. 信息的共享与对称：建立良好的信息交互与沟通机制，实现库存状态透明性，要通过采用先进的信息技术保证二者之间数据传递的及时性和准确性，供应商以此制订需求预测计划和补货配送计划对库存进行不断调整和控制。

图 6-10　VMI 运作流程图

（2）JMI 联合库存管理。

联合库存管理的核心理念是要在物流链上建立协调中心，并以此作为库存管理的节点，进而实现协同物流链，达到提高库存管理效率的目标。与 VMI 不同之处在于，联合库存管理可有效细分物流链的功能及对应分析，以区域物流中心(或分销中心)的模式建立协同管理的产销联合库存，从而实现库存量的减少，配送路径缩短，进而实现对资源的优化管控。

联合库存管理，需要供销产业链上各相关企业的共同协作，联合建立库存方案(这与 X 集团成品油销售企业当前的库存管理方式类似)，在目标协同及资源配置协调的基础上，尽可能的实现物流成本最优。基于当前的实践，联合库存管理的有效实施需要第三方物流(TPL)的参与配合，以解决关键的运输问题(见图 6-11)，在此模式下，供需双方都与第三方物流系统及库存管理中心关联，从而实现减少自建库存，并增强物流链的响应速度和总体协调性。

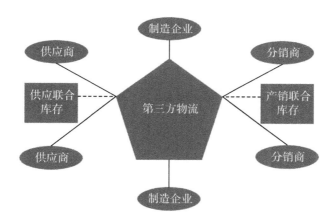

图 6-11　基于第三方物流的联合库存结构图

(3)CPFR 协同库存管理。

CPFR 是在 JMI 与 VMI 基础上延展出的一种创新性的库存及供应链管理模式，其核心思想可归纳为：

①物流链各环节企业的目标协同与战略协同，即为建立协同性的经营战略，CPFR 要求合作方企业进行信息共享，并签订长期的战略协议，共同做出最终的协同预测，对自身流程进行持续改造。

②物流链各环节企业的信息共享，即 CPFR 要求合作方企业建立有效的信息交互机制，全面开放物流活动信息。

③物流链各环节企业的共同计划，即 CPFR 要求合作方企业建立有效的协同决策机制，在计划编制时以全物流链效益最大化为目标。

（4）CPFR 与 VMI、JMI 的比较。

对 VMI、JMI 与 CPFR 进行比较如表 6-7 所示。

表 6-7　　　　　　　　　　　**VMI、JMI 与 CPFR 的比较**

对比点	协同库存管理（CPFR）	供应商库存管理（VMI）	联合库存管理（JMI）
补货决策	由各成员企业在合作框架内协同决策	供应商为生产商决策	生产商单独决策，供应商在生产商之间协调，建立与生产商的共同库存
信息	紧密共享	共享	共享
双方关系	合作关系非常紧密	合作关系紧	合作关系紧
主要优点	发挥出供应链的全部效率，发掘商业机会，改善客户服务，降低库存总量、成本和现货百分比，企业间信息交互，合作密切，预测精准	配送最佳化，提高需求预测的精确度，提高服务水平，改善缺货，缩短提前期、加快库存周转率，减少成本、降低库存	降低成本与风险，加强相互间的信息交互，共享库存信息，改善服务水平，提高供应链运作效率
主要缺点	——	系统集成度低，协作水平有限，对供应商依存度较高，要求高度信任，决策过程缺乏足够的协商，加大了供应商的风险	企业合作联盟的建立较困难，联合库存的管理需要高度的监督，建立和协调成本较高，建立的协调中心运作困难
支持技术	基于 CRM、ERP、SCM 等集成技术、商业智能等技术、高级计划与协调系统，实现企业间的交互	连续补货系统、EDI、企业信息系统、Internet 条码技术	基于 Internet 的网络通信系统，企业内部大型 CRM、SCM、ERP 系统

(三)成品油基于数据驱动的库存控制优化研究

对于成品油销售企业而言，目前已积累了大量的生产—销售—库存数据，在物联网的技术环境支撑下，如何将数据转化为决策支持呢？如何应用"商业智能 BI""工业大数据分析""库存网络优化模型""人工智能"等智慧物流技术对数据进行分层分级的深度挖掘，实现从"信息综合展示到商业智能分析到数据深度挖掘再到智能决策"的逐步深入应用呢？这是有效解决并实现物流一体化与产供销一体化的关键所在。

根据成品油销售企业物流链及库存管理的现实需求，研究将围绕：

(1)油库流量分析：以"期初实测量""入库量""出库量"以及"销售量"为数据来源，建立油库流量的分析模型，实现对一定周期内物流活动引起的油品流量变化规律和预测分析。

(2)生产—库存控制系统分析(CLPI 分析)：基于需求预测，研究物流一体化与库存协同管理问题，探索"布局—供应—库存控制"联合优化模型，实现对一定区域内物流网络以及产供销一体化的系统优化。

(3)基于统计指标与 XBRA 数据控制线，系统分析与探索区域物流中心在成品油物流调运与库存的优化方案，通过对成品油库存过程质量特性进行测定、记录、评估，从而达到监察过程是否处于控制状态的目的。

1. 油库流量分析模型研究

本研究中以"现金流量分析模型"为基础结合 PERT 方法(计划评审法)，以"期初实测量""入库量""出库量"以及"销售量"为数据来源，构建油库流量的分析模型，通过预测分析因为物流流通环节的改变导致的油库流量的改变情况。

运用 PERT 进行油品流出的估算：主要利用悲观油品流出估算、最可能油品流出估算和乐观油品流出估算三个指标，测算在 PERT 体系下最终油品的估算数，从而减少油品流出产生的不确定性。具体如表6-8所示。

表6-8   模型参数设置

序号	估值	描 述
1	用 a 表示乐观油品流出估算	在同样的物流流通中，a 的油品流出低于其他所有的估算数（假设物流流通的波动不是很大）
2	用 m 表示最有可能油品流出估算	m 的值大于乐观估计数但是小于悲观估计数
3	用 b 表示悲观油品流出估算	在同样的物流流通中，b 的油品流出高于其他所有的估算数（在这个期间市场的波动比较大）

用这 3 个流出估计值计算期望油品流出量（CE）的公式如下：

$$CE = \frac{a + 4m + b}{6} \tag{6-1}$$

$$\sigma_e^2 = \left[\frac{b - a}{6}\right]^2 \tag{6-2}$$

PERT 的计算方法：首先对各个测算点的方差和平均期望流出数量 CE 进行计算（一段时间内），然后依据这个把每个测算点计算出来的进行相加，就能够测算出总流出量 C_o。在项目数量众多的情况下，各个独立的项目所产生的油品流出数量对企业的整体油品流出数量并不能产生根本性影响，依据中心极限定理：企业所有的油品流出数量服从以 σ_e^2 为方差、CE 为均值的正态分布，以流出量最佳匹配为概念测算依据，则可求出对应条件下的现金需求量 C_ι（此处假设：期初现金余额为 C^*）。

则有测算公式：$C_o = C^* + C_\iota \geq CE + 3\lambda \tag{6-3}$

基于上述分析，研究以 2014 年 1—12 月，X 集团大区销售公司下属 A 省区公司（所有油库）的数据为样本，进行测算，数据如表6-9所示。

建设当前按 98%（6σ 置信区间）的流出量匹配满意度，则可求出此条件下的油品输入量 $C_\iota \geq 3416595.668$ 吨，C_ι 表示为了基本的生产经营活动，在目前的所有物流流通环节的最低的油品流入量。若在这段时间内油品流入量高于 C_ι，则证实可满足油库出库量，可将 C_ι 作为油库配送量的参考值。如果该时期内油品流小量大于 C_l，则说明需要考虑通过"涨降库"对生产经营过程及物流活动进行干预。

表 6-9　　　　　　　　　　油库流量分析数据测算结果　　　　　　（单位：吨）

A 省区公司	汽油出库量（乐观 a）	汽油入库量（最可能 m）	销售量（悲观 b）	期望（CE）	标准差	方差（delta_e）
1 月	251521.417	265495.709	325592.8612	273182.8524	12345.2407	152404968
2 月	410253.406	371180.728	288676.8976	363942.2026	−20262.7514	410579094.2
3 月	228344.638	211850.218	277755.6259	225583.5226	8235.164646	67817936.75
4 月	264000.234	349107.973	273341.1130	322295.5398	1556.813172	2423667.253
5 月	270586.983	289237.510	284083.2968	285270.0533	2249.385634	5059735.732
6 月	269832.682	263590.422	288865.2938	268843.2773	3172.101973	10062230.93
7 月	309384.035	289121.785	320007.1756	297646.3918	1770.523434	3134753.23
8 月	327482.324	309719.522	317503.125	313977.2562	−1663.199836	2766233.694
9 月	279442.56	236897.584	318213.4286	257541.0541	6461.811437	41755007.05
10 月	289725.987	282957.324	315651.0522	289534.3892	4320.844201	18669694.61
11 月	247289.745	221368.757	273422.6269	234364.5667	4355.480324	18970208.85
12 月	263297.224	334811.935	286944.2514	314914.8273	3941.129333	15532500.42
合计	3411161.235	3425339.467	3570056.497	3447095.933	27371.08019	749176030.6

2. "布局—供应—库存控制" CLPI 集成模型研究

基于对成品油销售企业物流链的分析可见，调运量、配送路径、油库站点定位以及油库库存控制是一个系统而复杂的问题，尤其是基于需求预测分析，对联合站点布局—供应—库存控制进行集成分析，构建 CLPI（Combined Location Provider Inventory Problem，CLPI）模型，使得集产供销一体的成品油物流链趋于协同、高效与智能。

研究以 X 集团大区销售公司为分析对象，X 集团大区销售公司作为物流中心已经与上游炼化企业以及下游省区销售企业达成了信息共享和集成，能够满足 CLPI 模型构建的基本要求，针对油库站点布局、油品配送路径、油品供应调运以及油库库存进行集成分析。

（1）CLPI 集成模型构建。

①问题描述与模型假设。

如图 6-12 所示，CLIP 研究问题以总体物流系统成本最小为目标函数，网络结构中包括 CDC、RDC 以及站点三类物流主体，相关假设如下：

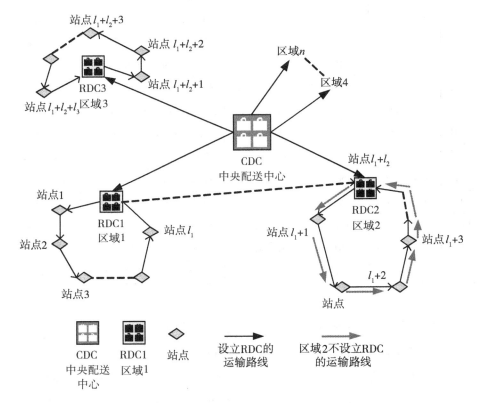

图 6-12　X 集团大区销售公司 CLPI 问题的物流网络结构示意图

A. 研究将 X 集团大区销售公司视为物流一体化系统中的中央物流中心（Central Distribution Center，CDC）；油品由 CDC 统一调运并实施配送，CDC 将响应订货需求并向 RDC 实施运输。

B. 研究中仅以汽油为代表进行演算。

C. 研究将 X 集团大区销售公司下属省区分公司视为若干个地区配送中心（Regional Distribution Center，RDC），RDC 从若干个备选站点中选取而来；RCD 需根据优化好的配送路径向区域内站点实施油品配送。

D. 研究将省区销售企业所辖油库视为若干个站点，从 RDC 到每个站点的最优运输路径可确定。

E. 研究将以省区销售企业需求量的市场预测值为订货基础，向 CDC 发出油品订货需求。

F. 研究假定 CDC 及 RDC 的地理位置都是确定的。

G. 研究假定 CDC 到 RDC 的运输为干线运输，RDC 到区域内各油库站点的运输为区域配送（上述描述在成品油物流中也称为：一次物流二次配送），在本研究中不考虑跨区域配送的情况。

H. 研究假定区域配送的方式为汽车运输（罐车运输），同时限定罐车只能在设定区域内服务，且各油库站点的总体配送量不超过车辆的总运载能力。

I. 研究假定区域内配送罐车按照设定巡回运输路线运行，任务结束后返回出发位置。

研究中 X 集团大区销售公司作为物流中心需要计算的物流费用有油品库存费用、供应启动成本、油品生产费用，省区成品油销售企业处需要计算的费用有剩余油品处理费用、缺货费用、库存费用和订购费用，另外需要计算的费用还有 RDC 到占地的区域运输费用、RDC 到 CDC 的干线运输费用、RDC 建设费用，目标函数的构建遵循物流活动的成本最低原则，在此基础上构建 CLPI 模型。

②模型设计。

基于上述模型假设，研究进一步根据问题求解的需求，设计了模型的函数表达式，如公式（6-4）、公式（6-5）所示：

$$\min SC = \min \left(TR_p + TR_r + TR_t + \sum_{j \in J} F_j \cdot Y_j \right.$$

$$= n \cdot C_p + C_1 \cdot \sum_{m=1}^{M} \sum_{i} Q_{mi} + h_p$$

$$\cdot \left\{ \frac{II_{0-t_p}}{2} \cdot \frac{\sum_i Q_{1i}}{P_y \cdot T} + \sum_{m=1}^{M-1} (II'_{(m-1)T-t_p} + II_{mT-t_p})/2 \right\}$$

$$+ \sum_m \sum_i \left(h_i \cdot \frac{I_{mi} + I'_{mi}}{2} + C_q \cdot \frac{|I'_{mi}| - I'_{mi}}{2} \right) + \sum_i M \cdot C_r + \sum_i v_i$$

$$\cdot \frac{|I'_{Mi}| + I'_{Mi}}{2}$$

$$+ \sum_{m \in M} \sum_{j \in J} cm_{cj}(dis_{cj}) \cdot Y_j \left[Q_{mr_j} + \sum_{p \neq j} Z_{pj} \cdot Q_{mr_p} (1 - Y_p) \right]$$

$$+ \sum_{m \in M} \sum_{j \neq p \in J} cm_{jp}(dis_{jp})(1 - Y_p) \cdot Z_{pj} \cdot Q_{mr_p}$$

$$+ \sum_{m \in M} \sum_{j \in J} \sum_{i \in r_i} \sum_{k \in K} cm_{ik}(Dis_{ik}) \cdot Q_{mi} \cdot X_{ik} + \sum_{j \in J} F_j \cdot Y_j \tag{6-4}$$

$$\text{S. t. } P_y \cdot \sum_{i=1}^n (t_{is} - t_{ip}) = \sum_{m=1}^M \sum_j Q_{mi}$$

$$II_{mT-t_p} \geqslant \sum_i Q_{mi}$$

$$t_{ip} < t_{is}, \ i = 1, 2, \cdots, n$$

$$t_{(i-1)s} < t_{ip}, \ i = 1, 2, \cdots, n$$

$$t_{1p} = - t_p - \frac{\sum_i Q_{1i}}{P_y}$$

$$\sum_{k \in K} X_{ik} = 1, \ \forall i \in r_j, \ j \in J$$

$$\sum_{i \in r_i} Q_{mi} \cdot X_{ik} \leqslant b, \ k \in K$$

$$\sum_{i \in r_i} X_{ilk} - \sum_{i \in r_j} X_{ilk} = 0, \ k \in K, \ j \in J$$

$$\sum_{p \in J、j \in J、p \in j} Z_{pj} + Y_p + Y_j \leqslant 2, \ \forall p \in J, \ j \in J$$

$$X_{ilk}, \ X_{ik}, \ X_{lk} = 0, \ 1, \ k \in K, \ i, \ l \in r_j$$

$$Y_j = 0, \ 1, \ j \in J \quad Z_{pj} = 0, \ 1, \ p, \ j \in J \tag{6-5}$$

上述目标函数以系统中各项成本的总和最小为目标。其中，总成本包括：CDC 相关成本、RDC 在选址中的固定建设费用、物流运输费用(区域运输和干线运输)以及省区销售企业(油库站点)有关费用。

模型中各符号的含义如表6-10所示。

表6-10   **模型符号说明表**

序号	符号标识	符 号 说 明
1	m	周期数，$m=1,2,\cdots,M$
2	T	一个周期的时间
3	P_y	CDC 单位时间生产率，P_y 大于需求率 D（此处）
4	C_p	CDC 每次供应启动成本，元/次
5	h_p	CDC 库存持有成本，元/个每单位时间 T
6	C_1	CDC 吨油的生产成本（包括原材料购买、机器损耗、人工费用等），元/吨油
7	TR_p	CDC 在 M 周期里的相关费用
8	Q_{mi}	油库站点 i 第 m 期的订货量
9	Q_{mr_j}	备选 RDC_j 区域所有零售商门店的第 m 期订货量之和
10	Q_{mk}	第 k 条巡回运输路线所有零售商门店的第 m 期订货量之和
11	I_{mi}	油库站点 i 第 m 期产品到货后的期初库存量
12	I'_{mi}	油库站点 i 第 m 期的期末库存（第 $m+i$ 期产品到货前）
13	C_r	省区公司每次订购费用，元/每次订购
14	t_p	省区公司的订货提前期
15	C_q	省区公司的缺货成本，因为可以延迟交货，但此时产生缺货成本
16	TR_r	省区公司 M 周期里的相关费用
17	TR_t	运输（包括干线运输与区域运输）费用
18	SC	整个系统 M 周期里的总成本
19	J	所有潜在备选 RDC 节点集合，$j=1,2,\cdots,J$
20	r_j	表示备选 RDC_j 所在区域的油库站点集合，$i=1,2,\cdots,r_j$
21	k	所有运输车辆巡回路线的集合，$k=1,2,\cdots,K$
22	h_i	油库站点 i 库存持有成本，元/个每单位时间 T

序号	符号标识	符 号 说 明
23	cm_p	单位产品的运输成本,它是关于运输距离的分段函数,$cm_p = f(dis_p)$
24	dis_{ij}	油库站点 i 与 RDC 节点 j 间的距离,用 dis_{ij} 表示 CDC 与 RDC 节点 j 间的距离
25	Dis_{ik}	油库站点 i 在路线 k 上从出发点到站点 i 经历的距离,$i \in k$
26	F_j	在备选 RDC_j 处建立区域配送中心的固定成本
27	b	车辆(罐车)的运载能力
28	d_{mi}	油库站点 i 关于第 m 期产品的实际需求量
29	$\hat{d}_{mi}$	油库站点 i 关于第 m 期产品的预测需求量
30	v_i	油库站点 i 的未售出产品的处理成本

约束条件如表 6-11 所示。

表 6-11　　　　　　　　　　模型约束条件说明

序号	约束条件说明
条件(1)	CDC 的供应总量应等于各油库站点的订货总量
条件(2)	CDC 应有充足的库存量,以满足当前交货需求(订货总量)
条件(3)	CDC 每周期的供应时间在炼化企业当期的生产停止之前
条件(4)	CDC 每周期的供应时间在炼化企业上一周期的生产停止之后
条件(5)	CDC 的首次供应开始时间
条件(6)	保证备选 RDC 所在区域的每个油库站点只能在一条巡回运输路线上
条件(7)	考虑各条巡回运输路线上的油品配送总量不得大于罐车的最大承运量
条件(8)	保证运输路线的连续性
条件(9)	不对运输线路的规划问题进行研究(两个备选 RDC 之间),同时巡回路线规划问题不存在于跨区域的干线运输中
条件(10)	保证决策变量为整数

③模型构建步骤。

研究根据 CLPI 问题的求解，建立联合供应—库存控制模型，在其中定义省区销售企业成本模型，CDC 成本模型以及 CDC 与省区销售企业的联合供应—库存模型。

第一，省区销售企业成本模型。

$$\text{minTR}_r = \sum_m \sum_i \left(h_i + \frac{I_{mi} + \gamma_{mi}}{2} + C_q \cdot \frac{|\gamma_{mi}| - \gamma_{mi}}{2} + \sum_i M \cdot C_r + \sum_i v_i + \frac{I_{Mi} + \gamma_{Mi}}{2} \right)$$

$$(6\text{-}6)$$

模型要素说明：

A. 第一期的初始值等于油库站点 i 的首期订货量；

B. 省区销售公司以固定时间间隔时间 T 向生产商订货；

C. 模型中包括：订货成本、库存成本、缺货成本以及未销售出去产品的处理成本。

第二，CDC 成本模型。

$$\text{minTR}_P = n \cdot C_P + C_I \cdot \sum_{m=1}^{M} \sum_i Q_{mi}$$

$$+ h_p \cdot \left\{ \frac{II_o - t_p}{2} \cdot \frac{\sum_i Q_{1i}}{P_y \cdot T} + \sum_{m=1}^{M-1} (I\gamma_{(m-1)T-t_p} + II_{mT-T_p})/2 \right\}$$

$$\text{s} \cdot \text{t.} \quad P_y \cdot \sum_{i=1}^{n} (t_{is} - t_{ip}) = \sum_{m=1}^{M} \sum_j Q_{mi}$$

$$II_{mT} - t_p \geqslant \sum_i Q_{mi}$$

$$t_{ip} < t_{is}, \; i = 1, 2, \cdots, n$$

$$t_{(i-1)s} < t_{ip}, \; i = 1, 2, \cdots, n$$

$$t_{ip} = -t_p - \frac{\sum_i Q_{1i}}{P_y}$$

$$t_{is} \leqslant MT - t_p, \; i = 1, 2, \cdots, n \qquad (6\text{-}7)$$

模型要素说明：

A. 本书用 n 表示生产商在 12T 里的生产次数；

B. CDC 第一次供应量必须要满足所有油库站点第一次的订货要求；

C. 第一次启动生产到第一次交货的时间间隔是 $\dfrac{\sum_i Q_{1i}}{p_y}$；

D. CDC 在每个交货周期平均库存是 $(I\gamma_{mT-t_p} + II_{mT-t_p})/2$；

E. CDC 每次交货的时间点是 $mT - T_P$。

第三，CDC 与省区销售企业的联合供应—库存模型。

$$
\begin{aligned}
\min(\mathrm{TR}_r + \mathrm{TR}_p) = & \sum_m \sum_i \left(h_i \frac{I_{mi} + \gamma_{mi}}{2} + C_q \cdot \frac{|\gamma_{mi}| - \gamma_{mi}}{2} \right) + \sum_i M \cdot C_r \\
& + \sum_i v_i \frac{I_{Mi} + \gamma_{Mi}}{2} + n \cdot C_p + C_1 \cdot \sum_{m=1}^{M} \sum_i Q_{mi} \\
& + h_p \cdot \left\{ \frac{II_{o-t_p}}{2} \cdot \frac{\sum_i Q_{1i}}{P_y \cdot T} + \sum_{m=1}^{M-1} (I\gamma_{(m-1)T-t_p} + II_{mT-t_p})/2 \right\} \sum_j Q_{mi}
\end{aligned}
$$

$$
t_{is} \leqslant \mathrm{MT} - t_p, \ i = 1,\ 2,\ \cdots,\ n \tag{6-8}
$$

在集成模型的基础上再引入对需求预测，系统中定义的各项成本的总和最小为目标函数，以 CDC 的供应次数 n，每次 CDC 供应的开始与结束时刻 t_{ip}，t_{is}，$i = 1,\ 2,\ \cdots,\ n$，省区销售企业每期的油品订货数量，选址变量 Y_j，备选 RDC 之间的供货安排 Z_{pj}，区域内站点间罐车运输路线的安排变量 X_{ilk}、X_{ik}、X_{lk} 为决策变量，构建 CLPI 模型。

以各项成本总和最小为目标函数，得到 CLPI 模型：

$$
\begin{aligned}
\min \mathrm{SC} = & \min\left(\mathrm{TR}_p + \mathrm{TR}_r + \mathrm{TR}_t + \sum_{j \in J} F_j \cdot Y_j \right) \\
= & \ n \cdot C_p + C_1 \cdot \sum_{m=1}^{M} \sum_i Q_{mi} + h_p \\
& \cdot \left\{ \frac{II_o - t_p}{2} \cdot \frac{\sum_i Q_{1i}}{p_y \cdot T} + \sum_{m=1}^{M-1} (I\gamma_{(m-1)T-t_p + II_{mT-t_p}})/2 \right\} \\
& + \sum_m \sum_i \left(h_i \cdot \frac{I_{mi} + \gamma_{mi}}{2} + C_q \cdot \frac{|\gamma_{mi}| - \gamma_{mi}}{2} \right) + \sum_i M \cdot C_r \\
& + \sum_i v_i \cdot \frac{|\gamma_{mi}| + \gamma_{mi}}{2}
\end{aligned}
$$

$$+ \sum_{m \in M} \sum_{j \in J} \mathrm{cm}_{cj}(\mathrm{dis}_{cj}) \cdot Y_j \Big[Q_{mrj} + \sum_{p \neq j} Z_{pj} \cdot Q_{mrp}(1 - Y_P) \Big]$$

$$+ \sum_{m \in M} \sum_{j \neq p \in J} \mathrm{cm}_{jq}(\mathrm{dis}_{jq})(1 - Y_p) \cdot Z_{pj} \cdot Q_{mrp}$$

$$+ \sum_{m \in M} \sum_{j \in J} \sum_{i \in i_j} \sum_{k \in K} \mathrm{cm}_{ik}(\mathrm{dis}_{ik}) \cdot Q_{mi} \cdot X_{ik} + \sum_{j \in J} F_j \cdot Y_j \qquad (6\text{-}9)$$

$$\mathrm{s.\,t.} \quad P_y \cdot \sum_{i=1}^{n}(t_{is} - t_{ip}) = \sum_{i=1}^{M} \sum_{j} Q_{mi}$$

$$II_{mT - t_p} \geqslant \sum_i Q_{mi}$$

$$t_{ip} < t_{is}, \ i = 1, 2, \cdots, n$$

$$t_{(i-1)s} < t_{ip}, \ i = 1, 2, \cdots, n$$

$$t_{1p} = -t_p - \frac{\sum_i Q_{1i}}{P_y}$$

$$\sum_{k \in K} X_{ik} = 1, \ \forall i \in r_j, \ j \in J$$

$$\sum_{i \in r_i} Q_{mi} \cdot X_{ik} \leqslant b, \ k \in K$$

$$\sum_{i \in r_i} X_{ilk} - \sum_{i \in r_j} X_{ilk} = 0, \ k \in K, \ j \in J$$

$$\sum_{p \in J, \ j \in J, \ p \neq j} \cdot Z_{pj} + Y_p + Y_j \leqslant 2, \ \forall p \in J, \ j \in J$$

$$X_{ilk}, \ X_{ik}, \ X_{lk} = 0, \ 1, \ k \in K, \ i, \ l \in r_j$$

$$Y_j = 0, \ 1, \ j \in J \qquad Z_{pj} = 0, \ 1, \ p, \ j \in J \qquad (6\text{-}10)$$

模型要素说明：

A. 模型中计算的主要费用有 CDC 的油品库存费用、供应启动成本、油品生产费用，省区成品油销售企业处需要计算的费用有剩余油品处理费用、缺货费用、库存费用和订购费用，另外需要计算的费用还有 RDC 到占地的区域运输费用、RDC 到 CDC 的干线运输费用、RDC 建设费用；

B. CLPI 模型需要确定 RDC 的选址定位、数量及分配方案；

C. 首先预测每个油库所辐射区域的消费者需求，测算出每个加油站的当期订货量，在下一期的时候，依据上一期的销售情况，看是否需要进一步订货，调整下一期的订货数量；

D. CDC 到未被选为 RDC 的备选区域配送中心和到已选为 RDC 的配送中心的运输也是干线运输；

E. 区域运输包括各个备选 RDC 到油库站点的运输。

运输总成本，如下所示：

$$
\begin{aligned}
TR_t = & \sum_{m \in M} \sum_{j \in J} cm_{cj}(dis_{cj}) \cdot Y_j \left[Q_{mrj} + \sum_{p \neq j} Z_{pj} \cdot Q_{mrp}(1 - Y_P) \right] \\
& + \sum_{m \in M} \sum_{j \neq p \in J} cm_{jq}(dis_{jq})(1 - Y_p) \cdot Z_{pj} \cdot Q_{mrp} \\
& + \sum_{m \in M} \sum_{j \in J} \sum_{i \in r_i} \sum_{k \in K} cm(dis_{ik}) \cdot Q_{mi} \cdot X_{ik}
\end{aligned}
\tag{6-11}
$$

（2）CLPI 模型算法设计及步骤。

①启发式算法与一维搜索法的融合设计。

本书采用启发式算法与一维搜索法的结合算法来求解最优生产次数 n。

基本思路为：首先 CDC 第一次供应启动时间是根据各省区成品油销售商第一次订货量和订货提前期来计算的，即 $t_{1p} = - t_p - \dfrac{\sum_i Q_{1i}}{P_y}$，所以 $II_{0-t_p} = \sum_i Q_{1i}$，$II'_{0-t_p} = 0$。由此，可得出当生产商的生产次数为 1 时，$II_{1T-t_p} = P_y \cdot T$，$II'_{1T-t_p} = P_y \cdot T - \sum_i Q_{2i}$。

其次，当 $n = 1$ 时，即 CDC 只供应一次时，$t_{1p} = - t_p - \dfrac{\sum_i Q_{1i}}{P_y}$，$t_{1s} = \dfrac{\sum_m \sum_i Q_{mi}}{P_y} - |t_{1p}| = \dfrac{\sum_m \sum_i Q_{mi}}{P_y} - t_p - \dfrac{\sum_i Q_{1i}}{P_y}$，根据供应一次时，CDC 的启动和库存成本之和除以单次供应启动成本，可推算出最大的供应次数 $N = \left[(C_p + h_p \cdot (II_{0-t_p}/2 + \sum_{m-1}^{M-1}(II'_{(m-1)T-t_p} + II_{mT-t_p}/2)))/C_p \right]$。

进而，利用一维搜索，CDC 总费用 $TR_p(1)$，$TR_p(2)$，…，$TR_p(N)$，费用最低者即为最优解 $n*$，算法流程如图 6-14 所示。

通过启发式算法搜索最优解，每次循环都与当前最优解进行比较，如果优

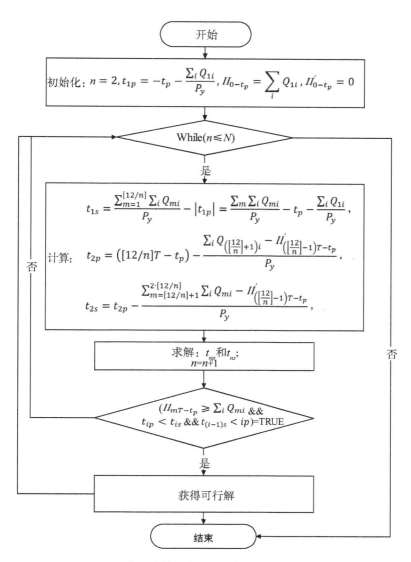

图 6-14　启发式算法与一维搜索法相结合的分析流程

于当前解则保存，否则继续搜索，直到达到最大搜索次数或者满足一定条件停止运算。其中，流程图中指出的 t_{np} 和 t_{ns} 计算公式如公式（6-9）、公式（6-10）所示：

$$t_{np} = \left((n-1) \cdot [12/n] T - t_p \right) - \frac{\sum\limits_i Q_{((n-1)-[12/n]+1)i}^{-II'}\Big|_{((n-1)\cdot[12/n]-1)T-t_p}}{P_y}$$

$$(6\text{-}12)$$

$$t_{ns} = t_{np} + \frac{\sum\limits_{m=(n-1)\cdot[12/n]+1}^{12} \sum\limits_i Q_{mi}^{-II'}\Big|_{((n-1)\cdot[12/n]-1)T-t_p}}{P_y}$$

$$(6\text{-}13)$$

②CLPI 模型初始解的获取。

研究根据解决问题的需求，对 CLPI 模型的计算处理流程进行了设计，通过该流程可获取 CLPI 的初始解，如图 6-15 所示。

如图 6-15 所示，算法流程中首先将参数初始化，包括了运输巡回路线 k、周期数 m、区域 r，以及车辆运载能力 b 等变量。接着，根据预测模型预测各个成品油零售商油库各期的市场需求量；从区域 r 中的备选 RDC 出发，初始化 k 条运输巡回路线上的成本 $S_m(v_k) = 0$；不断从油库集合中选择具有最小边际费 CS 的成品油零售商油库节点 w 作为运输巡回路线 k 的下一个候选成品油零售商油库节点，成本计算公式如公式(6-14)所示。

$$S_m(V'_k) = S_m(V_k) + h_w \cdot \frac{I_{mw} + I'_{mw}}{2} + C_q \cdot \frac{|I'_{mw}| - I'_{mw}}{2}$$

$$+ \left[\frac{m}{M}\right] v_w \cdot \frac{|I'_{Mw}| - I'_{Mw}}{2} + cm(\text{Dis}'_k) \cdot Q_{mi} \qquad (6\text{-}14)$$

然后，根据油库集合 V_k 中的成品油零售商油库节点和候选成品油零售商油库节点 w 的订货量总和是否大于车辆运载能力来迭代运算，直到总油库集合为空。可以根据成品油零售商油库初始巡回运输路线计算每个巡回运输路线的费用，直到所有区域的总费用计算完毕。最后，所有区域内的备选 RDC 建设成为 RDC 选择与分配这一子问题的初始解，系统总成本 SC 的计算公式如公式(6-15)所示。

$$\text{SC} = \sum_{r \in R} \sum_{m=1}^{M} \sum_{k \in K} S_m(v_k) + T R_p + \sum_{j \in J} F_j + \sum_{j \in J} cm_{cj}(\text{dis}_{cj}) \sum_{m=1}^{M} Q_{mr_j} \quad (6\text{-}15)$$

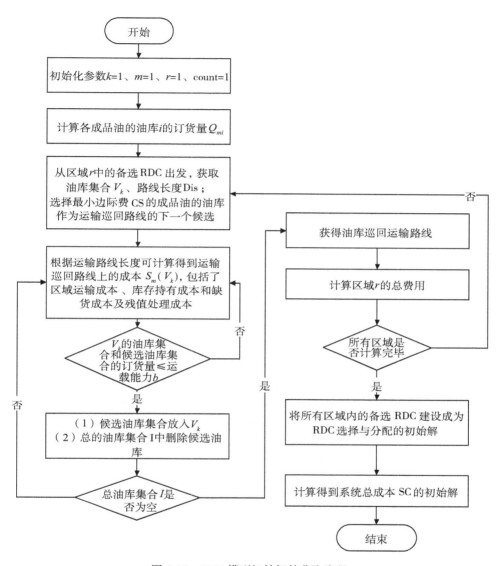

图 6-15 CLPI 模型初始解的获取流程

③初始解的优化。

第一步先优化 RDC 的分配计划和 RDC 的选择，第二步仔细校对每条巡回路线计算出的最初解，第一步和第二步一直进行循环，在满足搜索的条件时停止循环，在这个时候，就会获得全局的最优解，算法流程如图 6-16 所示。

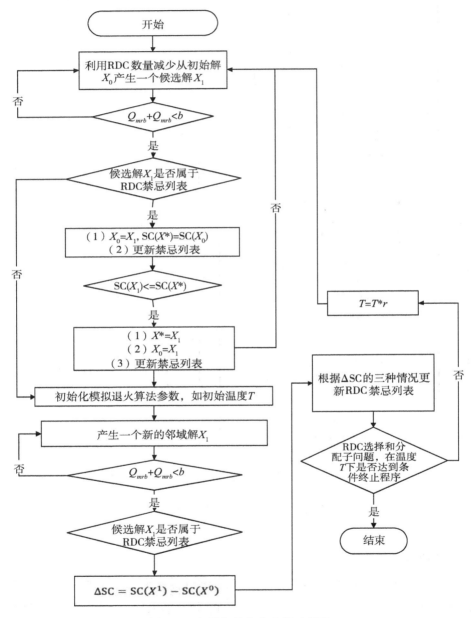

图 6-16 初始解的优化流程示意图

将上述两个优化算法流程图串联执行，还设置了一个全局循环次数变量，当运行次数达到了上限时，程序终止，得到 X^* 全局近优解，否则全局循环次数累加1，迭代执行上述优化过程。

（3）CLPI 模型算例分析。

①算例描述。

研究将 X 集团大区销售公司作为计算对象，模型中西部公司作为 CDC（数量：1 个），X 集团大区销售公司下属 4 个省区公司作为备选 RDC，如表 6-12 所示，描述了 CDC、备选 RDC 以及 RDC 区域内油库站点的空间位置坐标。

表 6-12　　　**CDC、备选 RDC 以及 RDC 区域内油库站点的坐标值**

坐标	x	y	坐标	x	y	坐标	x	y	坐标	x	y
CDC	0	0	RDC3	−1.72	2.01	RDC4	3.82	−0.50	RDC2	−1.50	−2.51
RDCI	2.62	0.85	油库 9	−1.81	2.12	油库 14	3.53	−1.01	油库 5	−1.61	−2.56
油库 1	2.71	1.14	油库 10	−1.89	1.89	油库 15	3.22	−0.74	油库 6	−1.73	−2.33
油库 2	2.92	1.41	油库 11	−1.76	2.45	油库 16	4.43	−1.12	油库 7	−1.61	−2.72
油库 3	3.13	1.15	油库 12	−1.34	2.33	油库 17	4.51	−0.31	油库 8	−1.14	−3.01
油库 4	3.21	0.84	油库 13	−2.10	1.51						

注：表中每单位坐标值与实际空间距离的比例关系为：1∶100(公里)。

研究采集了 4 个备选 RDC 区域内 17 个油库站点在 2013—2016 年各月的油库出库数据（即 $m = 12$，$T = 1$ 个月（30 天））如表 6-13 所示：

表 6-13　　　**油库 1、油库 2 的 2013—2016 年各月出库量**

油库 1	2013 年	2014 年	2015 年	2016 年	油库 2	2013 年	2014 年	2015 年	2016 年
1 月	284674	317602	314580	311866	1 月	283176	281600	287592	279045
2 月	278484	328717	325595	323152	2 月	278100	287225	293352	278432
3 月	292777	346651	339198	329536	3 月	285120	295475	299208	279730

续表

油库 1	2013 年	2014 年	2015 年	2016 年	油库 2	2013 年	2014 年	2015 年	2016 年
4 月	377230	271101	289510	433694	4 月	424143	431075	440256	421190
5 月	421574	312897	308196	469832	5 月	429786	436650	444648	418858
6 月	496377	357909	368267	554762	6 月	440235	452250	449112	429770
7 月	293795	345515	354760	349334	7 月	496125	502000	520320	496782
8 月	356707	339568	392467	406220	8 月	524151	532275	535944	516362
9 月	332723	316321	246960	387144	9 月	535545	535525	552024	531982
10 月	271032	311540	202406	312132	10 月	378999	381300	393240	375496
11 月	314562	363870	347939	342342	11 月	368172	373300	373584	354200
12 月	275186	316087	321440	307496	12 月	339606	342500	354888	331650

②需求预测。

以备选 RDC 区域内各个油库 2013—2016 年各月的实际出库数据为基础，研究选取灰色预测—时间序列分解相结合的方法，对油库站点 2017 年 12 个月的出库需求量进行预测分析。以下研究仅以油库站点 1 为代表来对需求预测过程做说明。

A. 灰色预测—时间序列分解结合模型。

灰色预测—时间序列分解结合模型是融合时间序列分解模型和灰色动态预测 GM（1，1）模型，以两种模型输出的预测值作为新模型的自变量，构建新的预测模型 $\hat{d}_{mi} = a + b \cdot \hat{x}(0)(k+1) + c \cdot TF_t$，模型中的系数 a、b、c 用最小二乘法原理求得。由下面的方程组可以求出 b、c。

$$L_{11}b + L_{12}c = L_{1y} \tag{6-16}$$

$$L_{21}b + L_{22}c = L_{2y} \tag{6-17}$$

$$c = \frac{L_{1y}L_{21} - L_{2y}L_{11}}{L_{12}L_{21} - L_{11}L_{22}} \tag{6-18}$$

$$b = \frac{L_{1y}L_{21} - L_{12}L_{21}c}{L_{12}L_{21}} = \frac{L_{2y}L_{11} - L_{11}L_{22}c}{L_{11}L_{21}} \tag{6-19}$$

其中，为方便公式编辑，公式（6-20）中 x_{1t} 代表 $\hat{x}(0)(k+1)$，x_{2t} 代表 TF_t，y_t 表示油库站点的实际出库量。

$$L_{11} = \sum_{t=1}^{n}(x_{1t} - \overline{x_1})^2 = \sum_{t=1}^{n} x_{1t}^2 - \frac{1}{n}(\sum_{t=1}^{n} x_{1t})^2;$$

$$L_{22} = \sum_{t=1}^{n}(x_{2t} - \overline{x_2})^2 = \sum_{t=1}^{n} x_{2t}^2 - \frac{1}{n}(\sum_{t=1}^{n} x_{2t})^2;$$

$$L_{12} = L_{21} = \sum_{t=1}^{n}(x_{1t} - \overline{x_1})(x_{2t} - \overline{x_2}) = \sum_{t=1}^{n} x_{1t}x_{2t} - \frac{1}{n}(\sum_{t=1}^{n} x_{1t})(\sum_{t=1}^{n} x_{2t});$$

$$L_{1y} = \sum_{t=1}^{n}(x_{1t} - \overline{x_1})(y_t - \overline{y}) = \sum_{t=1}^{n} x_{1t}y_t - \frac{1}{n}(\sum_{t=1}^{n} x_{1t})(\sum_{t=1}^{n} y_t);$$

$$L_{2y} = \sum_{t=1}^{n}(x_{2t} - \overline{x_2})(y_t - \overline{y}) = \sum_{t=1}^{n} x_{2t}y_t - \frac{1}{n}(\sum_{t=1}^{n} x_{2t})(\sum_{t=1}^{n} y_t);$$

$$L_{yy} = \sum_{t=1}^{n}(y_t - \overline{y})^2 = \sum_{t=1}^{n} y_i^2 - \frac{1}{n}(\sum_{t=1}^{n} y_i)^2;$$

$$\overline{x_1} = \frac{1}{n}\sum_{t=1}^{n} x_{1t}; \quad \overline{x_2} = \frac{1}{n}\sum_{t=1}^{n} x_{2t}; \quad \overline{y} = \frac{1}{n}\sum_{t=1}^{n} y_t.$$

（6-20）

a 的计算公式是：

$$a = \overline{y} - b\,\overline{x_1} - c\,\overline{x_2} \qquad （6-21）$$

B. 需求预测分析。

第一步：以 2013—2016 年油库站点每月实际的出库数据，运用灰色预测法 GM（1，1）模型对油库 1 的出库需求量进行预测，得到预测值如表 6-14 所示。

表 6-14　　　　　　　　　　油库 1 的灰色预测法结果

月份	油库 1	2013	2014	2015	2016
1	实际值	284674	317602	314580	311866
	预测值	285124	317874	309457	318225
	相对误差	0.16%	0.86%	−1.63%	2.03%

续表

月份	油库1	2013	2014	2015	2016
2	实际值	278484	328717	325595	323152
	预测值	278484	327861	326120	328953
	相对误差		−0.26%	0.16%	1.80%
3	实际值	292777	346651	339198	329536
	预测值	292777	341987	340127	330014
	相对误差		−1.34%	0.27%	0.15%
4	实际值	377230	271101	289510	433694
	预测值	377812	271042	288413	433962
	相对误差	0.15%	−0.02%	−0.38%	0.06%
5	实际值	421574	312897	308196	469832
	预测值	421574	313011	304765	470014
	相对误差		0.04%	−1.11%	0.04%
6	实际值	496377	357909	368267	554762
	预测值	496377	356841	369788	553189
	相对误差		−0.29%	0.41%	−0.28%
7	实际值	293795	345515	354760	349334
	预测值	293795	348303	358806	348305
	相对误差		0.81%	1.14%	−0.29%
8	实际值	356707	339568	392467	406220
	预测值	356707	338941	400302	404675
	相对误差		−0.18%	1.99%	−0.38%
9	实际值	332723	316321	246960	387144
	预测值	332723	319086	249652	384253
	相对误差		0.87%	1.09%	−0.74%
10	实际值	271032	311540	202406	312132
	预测值	271030	317481	203871	313286
	相对误差		1.90%	0.72%	0.37%

续表

月份	油库1	2013	2014	2015	2016
11	实际值	314562	363870	347939	342342
	预测值	314562	368661	348841	339025
	相对误差		1.31%	0.26%	−0.97%
12	实际值	275186	316087	321440	307496
	预测值	275186	317647	317929	308221
	相对误差		0.49%	−1.09%	0.24%

第二步：研究应用时间序列分解模型对油库1的出库需求量进行再次预测分析，计算结果如表6-15所示。

表6-15　　　　　　　　　油库1的时间序列分解模型预测结果

年份	2013				2014			
月份	实际值	月系数	预测值	APE	实际值	月系数	预测值	APE
1	284674	0.837	287045	0.79%	317602	0.857	317879	0.89%
2	278484	0.813	284198	4.25%	328717	0.891	331637	2.19%
3	292777	0.862	297502	4.14%	346651	0.931	351057	3.41%
4	377230	1.078	379646	3.93%	271101	1.053	271228	1.33%
5	421574	1.209	422661	3.67%	312897	1.197	313301	1.13%
6	496377	1.415	502517	2.79%	357909	1.527	358264	1.27%
7	293795	0.874	297713	5.89%	345515	0.891	348171	1.03%
8	356707	1.025	359107	3.76%	339568	0.811	339646	0.13%
9	332723	0.897	338528	5.01%	316321	0.991	319029	1.97%
10	271032	0.691	276956	4.47%	311540	0.817	317363	3.50%
11	314562	0.887	316814	2.16%	363870	0.931	368337	2.51%
12	275186	0.769	277024	2.86%	316087	0.817	317431	1.03%

续表

年份	2015				2016			
月份	实际值	月系数	预测值	APE	实际值	月系数	预测值	APE
1	314580	0.876	318908	2.46%	311866	0.891	317340	4.62%
2	325595	0.894	328065	2.71%	323152	1.867	328514	3.11%
3	339198	0.919	340412	0.79%	329536	1.180	329866	0.24%
4	289510	1.167	292810	2.23%	433694	1.193	439391	2.19%
5	308196	1.296	311940	3.13%	469832	1.298	470580	1.75%
6	368267	1.491	369012	0.41%	554762	1.513	554819	0.09%
7	354760	0.951	358630	2.65%	349334	0.617	349888	0.74%
8	392467	1.075	393974	1.07%	406220	1.462	410723	2.90%
9	246960	1.020	249531	1.85%	387144	1.078	390033	3.53%
10	202406	0.871	207770	2.96%	312132	0.914	318178	3.04%
11	347939	0.988	348795	0.91%	342342	0.884	345254	1.73%
12	321440	0.839	327838	3.41%	307496	0.791	308245	0.97%

注：经过最小二乘法以及利用一元回归方程求得 $a=8213$、$b=42.123$。

第三步：研究应用灰色预测—时间序列分解结合模型对油库1的出库需求量进行再次预测分析，计算结果如表6-16所示。

由MAPE值可见进而，使用灰色预测—时间序列分解结合模型进行预测分析其预测结果的误差值相对较小，进而研究采用该方法，对各油库2017年的需求进行预测分析，结果如表6-17所示。

表6-16　　油库1的灰色预测—时间序列分解结合模型预测结果

月份	2013年					2014年					$Y=a+bX_1+CX_2$	
	实际值 Y	X_1	X_2	预测结果	APE	实际值 Y	X_1	X_2	预测结果	APE		
1	284674	285124	287045	284703	0.01%	317602	317874	317879	317691	0.71%		
2	278484	278484	284198	278490	0.03%	328717	327861	331637	328782	0.68%		
3	292777	292777	297502	292787	0.03%	346651	341987	351057	346694	0.83%		
4	377230	377812	379646	377252	0.03%	271101	271042	271228	271198	0.53%		
5	421574	421574	422661	421575	0.01%	312897	313011	313301	313104	0.83%	a	-1.789
6	496377	496377	502517	496378	0.01%	357909	356841	358264	357999	0.24%		
7	293795	293795	297713	293835	0.04%	345515	348303	348171	345629	1.53%	b	0.994
8	356707	356707	359107	356781	0.01%	339568	338941	339646	339607	0.16%		
9	332723	332723	338528	332748	0.04%	316321	319086	319029	316401	0.83%	C	0.0045
10	271032	271030	276956	271048	0.01%	311540	317481	317363	311621	1.09%		
11	314562	314562	316814	314569	0.01%	363870	368661	368337	363911	0.19%		
12	275186	275186	277024	275189	0.02%	316087	317647	317431	316314	1.85%		

续表

月份	2015 年					2016 年					MAPE
	实际值 Y	X_1	X_2	预测结果	APE	实际值 Y	X_1	X_2	预测结果	APE	
1	314580	309457	318908	314734	1.32%	311866	318225	317340	311892	0.61%	0.66%
2	325595	326120	328065	325638	1.29%	323152	328953	328514	323356	1.58%	0.64%
3	339198	340127	340412	339316	1.59%	329536	330014	329866	329597	0.97%	0.80%
4	289510	288413	292810	289598	0.99%	433694	433962	439391	433734	0.84%	0.50%
5	308196	304765	311940	308338	1.49%	469832	470014	470580	469990	1.15%	0.79%
6	368267	369788	369012	368328	0.47%	554762	553189	554819	554765	0.09%	0.23%
7	354760	358806	358630	355265	2.68%	349334	348305	349888	349788	2.28%	1.37%
8	392467	400302	393974	392671	0.31%	406220	404675	410723	406893	4.13%	0.15%
9	246960	249652	249531	247175	1.52%	387144	384253	390033	387401	1.64%	0.75%
10	202406	203871	207770	202581	1.94%	312132	313286	318178	312736	2.09%	0.99%
11	347939	348841	348795	348016	0.38%	342342	339025	345254	342343	0.01%	0.20%
12	321440	317929	327838	321795	3.29%	307496	308221	308245	307757	0.61%	1.69%

表 6-17 各油库 2017 年市场需求的预测结果

月份	油库 1	油库 2	油库 3	油库 4	油库 5	油库 6	油库 7	油库 8	油库 9
1	311992	310891	311458	291458	301458	313170	301125	30633	30921
2	323456	321456	320017	280017	312017	306670	294875	32152	28823
3	329697	326697	328745	325645	312345	291200	280000	34231	30205
4	433747	433047	429457	385412	393457	248170	238625	44312	73371
5	469890	461810	463569	412569	431339	244192	234800	48179	74158
6	554765	551185	551489	501989	531433	254826	245025	51374	74695
7	349918	348614	345697	341458	344587	297258	285825	48990	59433
8	406913	405893	401452	395784	404852	275028	264450	44597	55341
9	387411	384412	379541	364841	375941	267124	256850	43924	51025
10	312746	312461	301487	335917	304587	223236	214650	34931	44547
11	342356	341396	321556	321986	321756	222976	214400	35206	43823
12	307767	306148	310715	314879	307475	236938	227825	35299	43867

月份	油库 10	油库 11	油库 12	油库 13	油库 14	油库 15	油库 16	油库 17	MAFE
1	358239	324121	385700	319675	339250	120625	77075	146875	0.73%
2	380268	344052	358226	284354	341925	104900	64025	126400	1.12%
3	396165	358435	336870	272004	319050	82925	45325	100350	0.86%
4	479913	434207	708111	572337	550750	206875	218625	200525	0.74%
5	506793	458527	707294	614612	609375	213025	218800	199875	0.94%
6	547701	495539	777537	602205	610050	234325	233325	213475	0.87%
7	509439	460921	693177	619552	607575	239525	217375	230475	0.56%
8	463533	419387	591717	567568	567800	223000	202425	212525	1.24%
9	480837	435043	593009	553356	556000	219700	200650	207950	0.91%

续表

月份	油库 10	油库 11	油库 12	油库 13	油库 14	油库 15	油库 16	油库 17	MAFE
10	383964	347396	439850	402515	450300	116925	46175	130375	1.71%
11	377454	341506	440800	360050	446825	104575	49500	123525	0.21%
12	390915	353685	458261	350189	432325	104600	53575	129325	0.48%

③成品油省区销售企业分析。

A. 订货量的计算。

根据模型设计的计算方法，以油库 1 和油库 2 为案例，以其 2017 年各月份的实际需求值为基础，对其订货量、期初库存、期末库存以及安全库存量进行计算，每个周期中订货量 $Q_{mi} = \hat{d}_{mi} + ss_{mi} - I'_{(m-1)i}$，其中安全库存等于安全库存因子（$l_i$）与预测误差值的乘积即 $ss_{mi} = l_i \cdot \text{MAPE} \cdot \hat{d}_{mi}$（研究中取值 $l_i = 2$），油库 1、油库 2 的计算结果如表 6-18 所示。

B. 成品油省区销售企业相关成本计算。

此处为核算省区销售企业订购油品时所发生的成本，对以下参数做如下假设：

a. 每次订购费用 $C_r = 100000$ 元；

b. 缺货成本 $C_q = 10000$ 元/吨油；

c. 油库库存持有成本 $h_i = 4000$ 元/吨油每单位时间 T；

d. 周期末处理成本 $v_i = 6000$ 元/吨油。

由此可计算出成品油省区销售企业的相关成本，具体参见表 6-19。

④生产商分析。

研究假设成品油省区销售企业的订货提前期 t_p 为 12 天，进一步设定 X 集团大区销售公司作为 CDC 物流中心在全部 12 个周期内（及全年度 365 天中）的货品交付时间节点为：[-12, 18, 48, 78, 108, 138, 168, 198, 228, 258, 288, 318] 天。根据实际数据估算 CDC 汽油调运率 P_y 为 50000 吨油/天，假定 CDC 每次启动油品调运成本为 2000000 元，库存持有成本 $h_p = 333$ 元/吨油每单位时间 T，单位油品的生产成本 C_1 为 4000 元/吨油。

表6-18　油库1、油库2在2017年的订货量、库存情况

2017年	油库1						油库2					
	需求值	本期期初库存	本期期末库存	安全库存	订货量	平均库存	需求值	本期期初库存	本期期末库存	安全库存	订货量	平均库存
1月	311603	316547	4944	4555	316547	160746	310873	315430	4557	4539	315430	159994
2月	338167	330701	-7466[注]	7245	325757	161618	327063	328657	1594	7201	324100	165126
3月	344770	335368	-9402	5671	342834	162983	328588	332316	3728	5619	330722	168022
4月	459966	440166	-19800	6419	449568	210183	448351	439456	-8895	6409	435728	215281
5月	501073	478724	-22349	8834	498524	228188	478060	470492	-7568	8682	479387	231462
6月	574123	564418	-9705	9653	586767	277357	541134	560776	19642	9591	568344	290209
7月	368960	353837	-15123	3919	363542	169357	364091	352518	-11573	3904	332876	170473
8月	435257	417004	-18253	10091	432127	199376	421752	415959	-5793	10066	427532	205083
9月	393223	394462	1239	7051	412715	197851	395454	391408	-4046	6996	397201	193681
10月	315610	323442	7832	10696	322203	165637	332986	323147	-9839	10686	327193	156654
11月	354268	343794	-10474	1438	335962	166660	352997	342830	-10167	1434	352669	166332
12月	310824	310722	-102	2955	321196	155310	311852	309087	-2765	2939	319254	153161

注：表格中期末库存为负值，表示出现了油品短期。

表 6-19 　　　　　　　**17 个油库站点相关成本明细表**　　　　（单位：万元）

成本	油库 1	油库 2	油库 3	油库 4	油库 5	油库 6
库存持有成本	902105.2[注]	919190.4	691052.5	681589.6	602272	894124.7
缺货成本	112674	60646	27573	26950	19996	113917
剩余产品处理成本	0	0	117	143	136	0
订货成本	120	120	120	120	120	120
成本总和	1014899.2	979956.4	718862.5	708802.6	622524	1008161.7
成本	油库 7	油库 8	油库 9	油库 10	油库 11	油库 12
库存持有成本	242607.9	1099607	1174865	954512.3	925410	918586.1
缺货成本	12129	0	162397	85121	121485	181129
剩余产品处理成本	12.8	149.6	97.5	298	0	0
订货成本	120	120	120	120	120	120
总和	254869.7	1099876.6	1337479.5	1040051.3	1047015	1099835.1
成本	油库 13	油库 14	油库 15	油库 16	油库 17	油库总成本
库存持有成本	782604.6	902458.7	586414.6	547124.8	551578.1	13376103.5
缺货成本	96584.1	11256.1	61487	25279	23848	1142471.2
剩余产品处理成本	0	263.7	126	0	132	1475.6
订货成本	120	120	120	120	120	2040
总和	879308.7	914098.5	648147.6	572523.8	575678.1	14522090.3

注：2255263 * 0.4 = 902105.2 万元。

在上述分析中 CDC 第一次供应启动时间是根据各省区成品油销售企业（油库站点）第一次订货量和订货提前期来计算的，即 $t_{1p} = -t_p - \dfrac{\sum_i Q_{1i}}{P_y} = -13.54$，$II'_{0-t_p}$。

依照前文所述的 CLPI 算法流程，首先计算出最大的供应次数 N，当 CDC 仅供应一次时，供应次数

$$N = \left[\left(C_p + h_p \cdot \left(\frac{II_{0-t_p}}{2} + \sum_{m=1}^{M-1} II'_{(m-1)T-t_p} + \frac{II \, mT - t_p}{2} \right) \right) / C_p \right] = [4.967] = 4，数据$$

详见表 6-19。

进一步分析 CDC 不同供应次数的总费用 $TR_p(1)$，$TR_p(2)$，…，$TR_p(N)$，如表 6-20 所示，研究运用 MATLAB 编程实现算法，计算了次数从 1 到 4 的总成本。数据显示，当 CDC 供应次数为 2 时，总费用最低，此时得到模型的最优解 $n^* = 2$。

表 6-20　　　　　　　　CDC 供应 1~4 次的成本对比（单位：万元）

供应次数	1	2	3	4
供应启动成本	200	400	600	800
库存持有费用	31191.5	25187.1	24997.9	24949.3
供应成本[注]	——	——	——	——
总成本	31391.5	25587.1	25597.9	25749.3

注：供应成本与次数无关。

⑤CLPI 模型求解。

本研究设计的计算案例中仅有 1 个 CDC，同时设置了四个与之关联的备选 RDC 以及涵盖在 RDC 区域内的 17 个油库站点。

如表 6-21 描述了上述物流主体的空间位置，进而在模型中可依据坐标代表的距离值及坐标值测算获得备选 RDC 与 CDC 之间的距离，并且还能够测算出备选 RDC 与区域内各油库站点间的距离（如公式（6-22）所示，在成品油物流中油品的运输成本是基于运输距离的分段函数），由此运距与运费间的数据关系如表 6-22 至表 6-25 所示。

表 6-21　　　　　　　　**CDC 与 4 个备选 RDC 间的运费单位值**

单位运费	CDC	RDC1	RDC2	RDC3	RDC4
CDC	0	0. 1962	0. 1635	0. 158	0. 2519
RDC1	0. 1962	0	0. 3672	0. 2554	0. 2018
RDC2	0. 1635	0. 3672	0	0. 2492	0. 3691
RDC3	0. 1587	0. 2554	0. 2492	0	0. 3687
RDC4	0. 2519	0. 2018	0. 3691	0. 3687	0

$$cm(\,dis\,) = \left. \begin{cases} 2.\,81 \times 10^{-4}dis + 0.\,054527\,, & 0 \leq dis_{ij} < 100 \\ 2.\,24 \times 10^{-4}dis + 0.\,100228\,, & 100 \leq dis_{ij} < 300 \\ 4.\,02 \times 10^{-4}dis + 0.\,06914\,, & 300 \leq dis_{ij} < 500 \\ 1.\,03 \times 10^{-4}dis + 0.\,310735\,, & 500 \leq dis_{ij} \end{cases} \right\} \quad (6\text{-}22)$$

表 6-22　　　　**备选 RDC1 与区域内 4 个油库站点间的运费单位值**

单位运费	RDC1	油库 1	油库 2	油库 3	油库 4
RDC1	0	0. 0674	0. 0697	0. 0712	0. 0744
油库 1	0. 0674	0	0. 0631	0. 0794	0. 1648
油库 2	0. 0697	0. 0631	0	0. 0734	0. 1326
油库 3	0. 0712	0. 0794	0. 0734	0	0. 0637
油库 4	0. 0744	0. 1648	0. 1326	0. 0637	0

表 6-23　　　　**备选 RDC2 与区域内 4 个油库站点间的运费单位值**

单位运费	RDC2	油库 5	油库 6	油库 7	油库 8
RDC2	0	0. 0697	0. 0674	0. 0631	0. 0644
油库 5	0. 0697	0	0. 0585	0. 0526	0. 0714
油库 6	0. 0674	0. 0585	0	0. 0665	0. 0798

续表

单位运费	RDC2	油库 5	油库 6	油库 7	油库 8
油库 7	0.0631	0.0526	0.0665	0	0.0707
油库 8	0.0644	0.0714	0.0798	0.0707	0

表 6-24　　　　**备选 RDC3 与区域内 5 个油库站点间的运费单位值**

单位费用	RDC3	油库 9	油库 10	油库 11	油库 12	油库 13
RDC3	0	0.0585	0.0674	0.0631	0.0691	0.0714
油库 9	0.0585	0	0.0697	0.0658	0.0609	0.0711
油库 10	0.0674	0.0697	0	0.0759	0.0765	0.0652
油库 11	0.0631	0.0658	0.0759	0	0.0647	0.1644
油库 12	0.0691	0.0609	0.0765	0.0647	0	0.1240
油库 13	0.0714	0.0711	0.0652	0.1224	0.1644	0

表 6-25　　　　**备选 RDC4 与区域内 4 个油库站点间的运费单位值**

单位运费	RDC4	油库 14	油库 15	油库 16	油库 17
RDC4	0	0.0691	0.0623	0.0714	0.0742
油库 14	0.0691	0	0.0631	0.0699	0.1316
油库 15	0.0623	0.0631	0	0.1501	0.1286
油库 16	0.0714	0.0699	0.1501	0	0.0645
油库 17	0.0742	0.1316	0.1286	0.0645	0

A. 在备选 RDC 中构建配送中心的实施方案。

如表 6-26 所示，展示了建设区域配送中心而投入的建设成本，假设按照使用年限 10 年的标准进行建设，则可将建设成本分 10 年平均计入备选 RDC 建设成本中。

表 6-26　　　　备选 **RDC** 处建立区域配送中心的间定成本（单位：万元）

地点	建设投入成本	每年平均成本
RDC1	10000	1000
RDC2	12000	1200
RDC3	12000	1200
RDC4	13000	1300

　　根据设计的 CLPI 算法，初始方案为在四个备选 RDC 处都分别设立 RDC，进而根据成本的比对，在初始解的基础上进行迭代优化，最终获取建设的最优方案，以下就 3 种具有较高可行性的建设方案进行对比。

　　方案一，如图 6-17 所示。

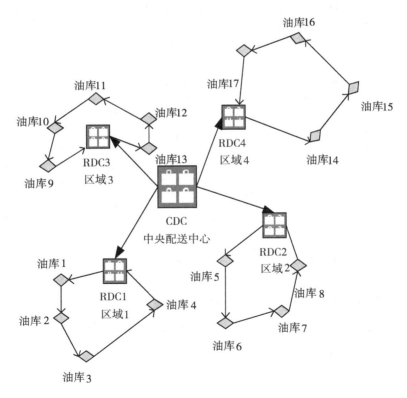

图 6-17　方案一示意图

方案描述：

（1）四个备选 RDC 全建立 RDC；

（2）成本分析如表 6-27 所示。

表 6-27 　　　　　　　　　　　　方案一的成本分析

方案一	CDC	单位产品的运输成本	2017年运输量	2017年干线运输成本	RDC建立每年平摊成本	各RDC总成本
选取的RDC	距离	万元/吨油	吨	万元	万元	万元
RDC1	294.11	0.1661	549354	91525.3	1000	92525.3
RDC2	291.55	0.1655	720052	119193.5	1200	120393.5
RDC3	262.49	0.1590	1786372	284071.2	1200	285271.2
RDC4	383.28	0.2232	472942	105568.6	1300	106868.6

方案二，如图 6-18 所示。

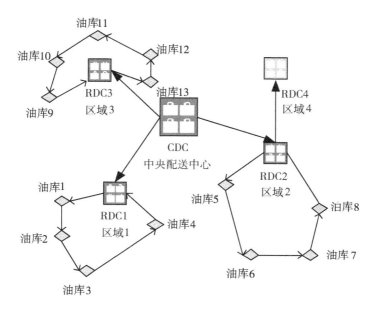

图 6-18 　方案二示意图

方案描述：

（1）三个备选 RDC 建立 RDC，分别为 RDC1、RDC2、RDC3，备选 RDC4 由距其最近的 RDC2 转运；

（2）成本分析如表 6-28 所示。

表 6-28　　　　　　　　　　方案二的成本分析

方案二	CDC	单位产品的运输成本	2017 年运输量	2017 年干线运输成本	RDC 建立每年平摊成本	各 RDC 总成本
选取的 RDC	距离	万元/吨油	吨	万元	万元	万元
RDC1	294.11	0.1661	1022297	169812	1000	170812
RDC2	291.55	0.1655	720052	119193.5	1200	120393.5
RDC3	262.49	0.1590	1786327	284071.2	1200	285271.2
备选 RDC4	172.05	0.1388	472942	65628.5	0	65628.5

方案三，如图 6-19 所示。

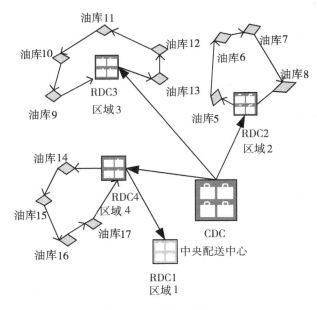

图 6-19　方案三示意图

方案描述：

（1）三个备选 RDC 建立 RDC，分别为 RDC2、RDC3、RDC4，备选 RDC1 由距其最近的 RDC4 转运；

（2）成本分析如表 6-29 所示。

表 6-29　　　　　　　　　　　方案三的成本分析

方案三	CDC	单位产品的运输成本	2017 年运输量	2017 年干线运输成本	RDC 建立每年平摊成本	各 RDC 总成本
选取的 RDC	距离	万元/吨油	吨	万元	万元	元
RDC2	291.55	0.1655	720052	119193.5	1200	120393.5
RDC3	262.59	0.1590	1786327	284071.2	1200	285271.2
RDC4	383.28	0.2232	1022297	228193.6	1300	229493.6
备选 RDC1	172.05	0.1388	549354	76231.9	0	76231.9

进而对三个方案进行对比，方案一的总成本为 605058.6 万元，方案二的总成本为 642105.2 万元，方案三的总成本为 711390.2 万元，可知方案一的总成本最低，因此，选择方案一的建设布局方案，即：四个备选 RDC 全建立 RDC。

B. 各备选 RDC 区域各期的运输路线安排。

为便于计算，研究假设区域内运输罐车的运载能力都满足单次运输需求（及一次任务，一次条路线即可满足各个油库站点的配送量）。因此，基于 CLPI 模型的计算步骤，研究可得出罐车运输路线规划的初步方案，可依次选取最小边际区域运输费用的油库作为路线上下一个运输的油库，然后对初始解进行优化，具体内容如表 6-30 所示。

图6-30　各备选RDC区域各期的运输路线安排

区域	RDC1		RDC2		RDC3		RDC4	
月份	初始解	最优解	初始解	最优解	初始解	最优解	初始解	最优解
1	1,2,3,4	1,2,3,4	5,6,7,8	5,6,7,8	9,10,13,12,11	9,10,11,12,13	14,15,17,16	14,15,16,17
2	1,2,3,4	1,2,3,4	5,6,7,8	5,6,7,8	9,10,13,12,11	9,10,11,12,13	14,15,17,16	14,15,16,17
3	1,2,3,4	1,2,3,4	5,6,7,8	5,6,7,8	9,10,13,12,11	9,10,11,12,13	14,15,17,16	14,15,16,17
4	1,2,3,4	1,2,3,4	5,6,7,8	5,6,7,8	9,10,13,12,11	9,10,11,12,13	14,15,17,16	14,15,16,17
5	1,2,3,4	1,2,3,4	5,6,7,8	5,6,7,8	9,10,13,12,11	9,10,11,12,13	14,15,17,16	14,15,16,17
6	1,2,3,4	1,2,3,4	5,6,7,8	5,6,7,8	9,10,13,12,11	9,10,11,12,13	14,15,17,16	14,15,16,17
7	1,2,3,4	1,2,3,4	5,6,7,8	5,6,7,8	9,10,13,12,11	9,10,11,12,13	14,15,17,16	14,15,16,17
8	1,2,3,4	1,2,3,4	5,6,7,8	5,6,7,8	9,10,13,12,11	9,10,11,12,13	14,15,17,16	14,15,16,17
9	1,2,3,4	1,2,3,4	5,6,7,8	5,6,7,8	9,10,13,12,11	9,10,11,12,13	14,15,17,16	14,15,16,17
10	1,2,3,4	1,2,3,4	5,6,7,8	5,6,7,8	9,10,13,12,11	9,10,11,12,13	14,15,17,16	14,15,16,17
11	1,2,3,4	1,2,3,4	5,6,7,8	5,6,7,8	9,10,13,12,11	9,10,11,12,13	14,15,17,16	14,15,16,17
12	1,2,3,4	1,2,3,4	5,6,7,8	5,6,7,8	9,10,13,12,11	9,10,11,12,13	14,15,17,16	14,15,16,17

月份	初始解 区域运输成本	最优解 区域运输成本	初始解 区域运输成本	最优解 区域运输成本	初始解 区域运输成本	最优解 区域运输成本	初始解 区域运输成本	最优解 区域运输成本
1	6405	6405	10825	10773	20022	19491	4585	4546
2	6200	6200	11157	11096	19354	18835	4055	4023
3	6273	6273	11452	11382	18845	18353	3402	3376
4	7230	7230	13688	13564	34903	33765	8134	8060
5	7180	7180	14567	14427	36272	35189	8344	8270
6	7678	7678	15421	15271	37722	36416	9010	8929
7	8374	8374	14920	14795	35855	34816	8931	8851
8	8050	8050	13573	13456	31804	30992	8080	8009
9	8554	8554	13981	13863	31499	30693	8377	8301
10	5934	5934	10473	10384	24200	23569	3984	3957
11	5794	5794	10705	10612	22712	22009	3962	3933
12	6187	6187	11102	11017	22946	22250	4401	4368

基于上述分析，研究通过对 X 集团大区销售公司案例 CLPI 模型的求解，得到了复杂的物流链与库存管控系统的相关决策方案，虽然研究中的数据与实际运营数据有差异，但模型的算法设计及主要的分析流程将给 X 集团大区销售公司成品油物流链一体化管控提供科学参考，同时也是对 X 集团大区销售公司相关物流数据的有效挖掘与应用。

3. 基于统计指标与 XBAR 数据控制线分析的库存控制研究

本节研究内容旨在基于统计指标与 XBRA 数据控制线，系统分析与探索 X 集团大区销售公司在成品油物流调运与库存管控的方案。研究遵循科学的数据驱动下调运优化模型构建与分析范式（Based on Data-Driven and Optimality modeling），以基础数据获取—数据清理—基础数据分析—出入库特性的控制界限的分析为主线，根据 2014 年、2015 年和 2016 年 12 个月 X 集团大区销售公司所辖区域内省级公司油库出入库的特性数据进行控制界限的分析和统计，借助描述性统计分析与 XBAR 控制线技术系统描述了各个省油库的上下控制界限，通过绘制控制图，对成品油库存过程质量特性进行测定、记录、评估，从而达到监察过程是否处于控制状态的目的。

（1）基础数据获取。

①公司信息：包含 X 集团大区销售公司 12 家省级单位，本节以 I 省区公司和 K 省区公司的数据为例进行数据分析。

②油库信息：包含不通省级单位下的油库名称和油库编号，同时对真实数据进行了简单的脱敏处理，用省公司拼音缩写和数字编号联合组成油库编号用于代替真实的油库名称。

③油品信息：包含柴油、汽油和煤油三大类，本节以汽油数据为例进行数据分析。

（2）基础数据整理与清洗。

研究过程发现数据存在完整性、不一致性和重复性等问题，为了进一步对数据进行分析，首先对原始数据文件进行数据清理，这个部分工作可以自动化和手工相结合的方式完成，包括了空数据补全或删除，重复数据的人工确认后删除，以及数据名称统一等。随着数据规范性和标准化工作的推进，研究所得出的数据分析结果对现实生产过程的支撑力度也会逐渐增强，数据清理原则如表 6-31 所示。

表 6-31   **数据清洗原则**

描述	数据清理方式
数据为 NULL 数据为 0	记录删除
数据多个	重复数据，内容相同和不同都有
	数据名称不一致

（3）出入库数据描述性统计分析。

通过历史数据研究分析可以得到一系列统计指标结果，包括了标准差、方差、峰值、均值、偏态、中位数、中体方差等统计值。这些指标数据都需要与企业的业务运行实际相结合，才能真正发掘出数据背后所蕴含的影响企业实际运行价值信息。以 X 集团大区销售公司下属各个油库和出入库的特性进行的统计指标汇总如图 6-20 至图 6-27 所示，柱状图分布以油库特性为组，分别计算了不同的油库的统计值。

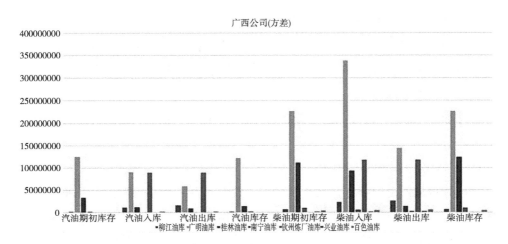

图 6-20   I 省区公司出入库存特性的统计指标图（方差）

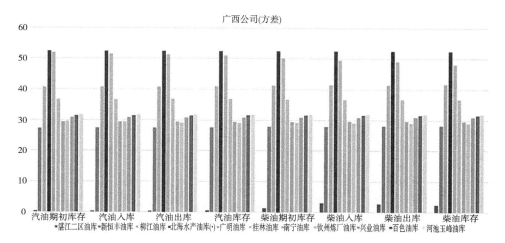

图 6-21　I 省区公司出入库存特性的统计指标图（峰度）

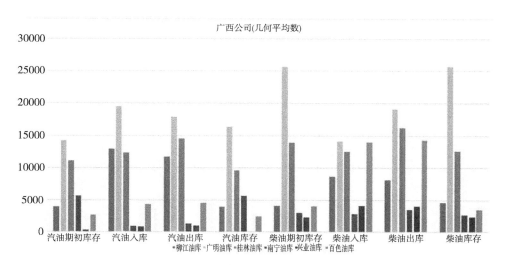

图 6-22　I 省区公司出入库存特性的统计指标图（几何平均数）

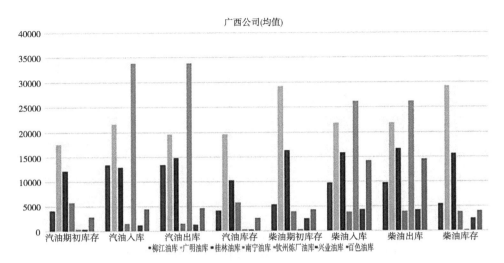

图 6-23　I 省区公司出入库存特性的统计指标图（均值）

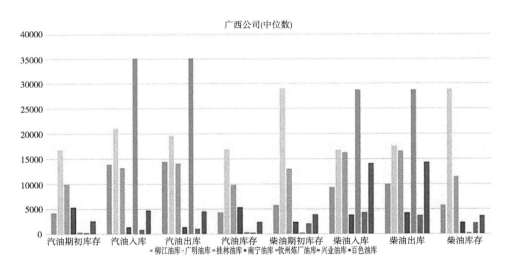

图 6-24　I 省区公司出入库存特性的统计指标图（中位数）

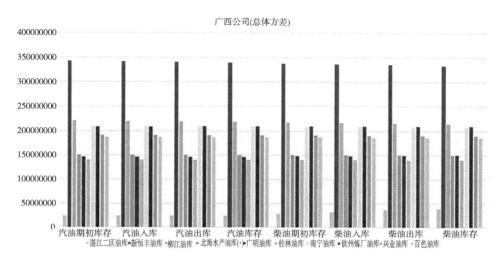

图 6-25　I省区公司出入库存特性的统计指标图(总体方差)

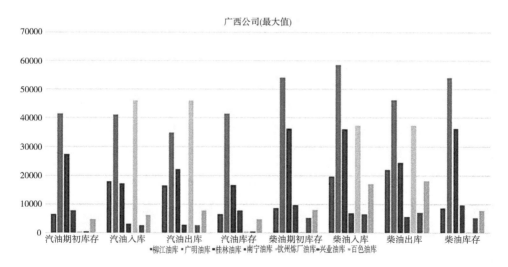

图 6-26　I省区公司出入库存特性的统计指标图(最大值)

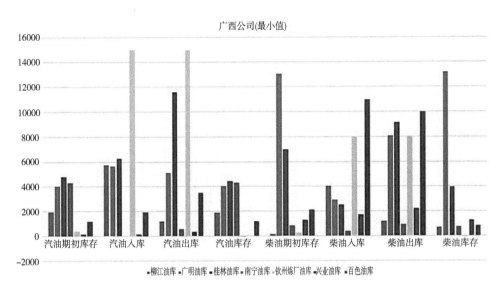

图 6-27 I 省区公司出入库存特性的统计指标图（最小值）

（4）出入库数据 XBAR 数据控制线分析。

控制界限的分析是通过控制图分别展示了各个省公司和油库的上下控制界限。控制图是对过程质量特性进行测定、记录、评估，从而监察过程是否处于控制状态的一种用统计方法设计的图。图上有三条平行于横轴的直线：中心线（Central Line，CL）、上控制线（Upper Control Line，UCL）和下控制线（Lower Control Line，LCL），并有按时间顺序抽取的样本统计量数值的描点序列。UCL、CL、LCL 统称为控制线（Control Line），通常控制界限设定在±3 标准差的位置。中心线是所控制的统计量的平均值，上下控制界限与中心线相距数倍标准差。若控制图中的描点落在 UCL 与 LCL 之外或描点在 UCL 和 LCL 之间的排列不随机，则表明过程异常。如图 6-28 展示了控制线数据分析的过程。

下面将详细介绍采用的均值极差图的数据分析关键步骤：

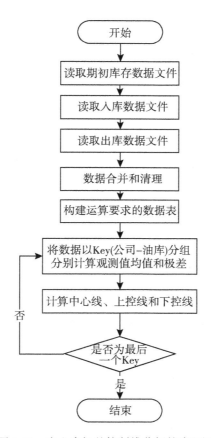

图 6-28　出入库极差控制线分析的流程图

第一步，确定控制对象。

①选择技术上最重要的控制对象；

②若指标之间有因果关系，则选择作为因的指标为统计量；

③控制对象要明确，便于大家理解与同意；

④控制对象要能以数字来表示；

⑤控制对象要选择容易测定，以及对过程容易采取措施的对象。

第二步，收集预备数据。

第三步，计算每个子组的均值 X 和极差 R。

第四步，计算总平均值 X 和平均极差值 R。

第五步，计算 R 图控制线并作图。将预备数据点绘制在 R 图中，并对状态进行判断。若稳定，则进入第六步，若不稳定，则除去可查明原因后转入第四步重新计算。

第六步，计算 X 图控制线并作图。将预备数据点绘制在 X 图中，对状态进行判断。若稳定，则进入第七步，若不稳定，则除去可查明原因后转入第四步重新计算。

第七步，计算过程能力指数并检验其是否满足技术要求。若满足，则进入第八步，若不满足，则重新计算，直至满足技术要求。

第八步，延长 X—R 控制图的控制线，作控制用控制图，进行日常管理。

要精确地获得总体的具体数值，需要收集总体的每一个样品的数值。这对于一个无限总体或一个数量很大的有限总体来说往往是不可能的，或者是不必要的。在实际工作中，一般是从总体中随机地抽取样本，对总体参数进行统计推断。样本中含有总体的各种信息，因此样本是很宝贵的。但是如果不对样本进一步提炼、加工、整理，则总体的各种信息仍分散在样本的每个样品中。下面就根据 I、K 两家省区公司（共计 34 个代表性油库）2014 年、2015 年和 2016 年 12 个月出入库的特性数据进行控制界限的分析和统计，并且添加了"汽油库存存量（柴油库存存量）= 汽油期初库存（柴油期初库存）+汽油入库（柴油入库）−汽油出库（柴油出库）"的自定义线性特性。

经过均值极差图数据分析处理后，可得分析结果（分析过程在 MATLAB 软件中编程实现，并自动生成 XBAR 控制图），如表 6-32、表 6-33 所示。

经 MATLAB 软件处理并生成的 XBAR 控制图如图 6-29、图 6-30 所示。

表 6-32　I 省区公司均值极差图数据处理结果

公司	油库名称	汽油期初库存			汽油入库控制线			汽油出库控制线			汽油库存存量控制线		
		中心线	上控线	下控线	中心线	上控线	下控线	中心线	上控线	下控线	中心线	上控线	下控线
I 省 区 公 司	SC1	4616.72	9226.23	7.2	6075.93	12486.1	-334.24	11598.65	17668.38	5528.92	-906	7694.13	-9506.13
	SC2	21443.46	38214.44	4672.48	15763.17	32287.89	-761.55	87211.98	118555.3	55868.69	-50005.4	-15846.9	-84163.8
	SC3	5479.41	8549.44	2409.38	7491.87	13965.91	1017.84	11829.45	16812.74	6846.16	1141.83	11272.05	-8988.39
	SC4	9782.37	15344.81	4219.93	10663.87	23622.17	-2294.43	14949.75	23810.4	6089.1	5496.49	20372.17	-9379.19
	SC5	374.97	716.83	33.1	1100.07	1800.34	399.8	5816.87	7840.16	3793.57	-4341.83	-2172.98	-6510.68
	SC6	2027.82	3260.27	795.37	1553.66	3549.73	-442.42	7646.82	10243.37	5050.27	-3862.97	-191.93	-7534.01
	SC7	2706.17	4072.34	1339.99	3618.1	5984.67	1251.52	8831.46	11051.72	6611.21	-2507.2	1253.91	-6268.32
	SC8	8873.82	15547.51	2200.13	6107.29	16344.22	-4129.65	25776.84	38532.13	13021.54	-10795.7	5661.9	-27253.4
	SC9	5761.75	12207.7	-684.19	5280.01	9320.05	1239.96	10537.97	19283.59	1792.36	503.79	8636.58	-7629.01
	SC10	5353.38	8668.19	2038.56	5833.14	11785.91	-119.62	16852.06	21722.27	11981.85	-5665.55	3715.78	-15046.9
	SC11	2481.62	4707.81	255.43	4167.24	7033.5	1300.98	4802.64	9084.33	520.94	1918.46	8637.29	-4800.36
	SC12	1282.18	2138.34	426.01	1674.11	2767.3	580.93	3525.74	3877.18	3174.29	789.16	2350.01	-771.69
	SC13	3731.7	6448.28	1015.13	4133.86	6505.3	1762.42	10824.8	16119.83	5529.76	-2959.23	2935.08	-8853.55
	SC14	4714.96	8606.92	822.99	13969.33	23580.83	4357.82	15092.83	21251.48	8934.19	3591.45	14320.05	-7137.15
	SC15	2963.91	7800.83	-1873.01	2547.92	6157.8	-1061.97	6824.95	15648.19	-1998.29	-463.29	5023.17	-5949.76
	SC16	3843.48	6170.25	1516.71	5191.7	10300.53	82.86	10896.36	17115.05	4677.66	-1861.18	6237.87	-9960.23
	SC17	6761.58	9212.99	4310.18	7891.02	15198.91	583.13	10680.94	14065.68	7296.2	3971.66	11608.08	-3664.75
	SC18	7057.68	11660.54	2454.83	6288.87	12986.99	-409.25	12084.15	17742.44	6425.85	1262.41	11197.99	-8673.18
	SC19	5474.07	9127.06	1821.09	6389.29	10528.1	2250.47	14799.69	20145.36	9454.03	-2936.33	6455.54	-12328.2
	SC20	2666.71	4969.98	363.44	6990.56	14963.38	-982.25	5309.06	8706.31	1911.8	4348.22	13831.85	-5135.41
	SC21	7631.13	12382.98	2879.27	9343.8	19389.29	-701.69	10264.37	14838.01	5690.74	6710.55	17316.98	-3895.87
	SC22	3306.88	7016.69	-402.93	9493.97	18349.2	638.74	8807.04	12566.63	5047.45	3993.81	14697.62	-6709.99
	SC23	7920.2	14658.86	1181.53	10929.12	21986.88	-128.63	13887.83	25859.91	1915.75	5862.65	23784.07	-12058.8

表6-33 K省区公司公司均值极差图数据处理结果

公司	油库名称	汽油期初库存			汽油入库控制线			汽油出库控制线			汽油库存存量控制线		
		中心线	上控线	下控线	中心线	上控线	下控线	中心线	上控线	下控线	中心线	上控线	下控线
	GX1	439.07	694.66	183.47	3094.23	5929.49	258.98	1126.09	2049.51	202.67	1059.67	2228.15	-108.81
	GX2	0	0	0	1549.16	1829.49	1268.83	0	0	0	0	0	0
	GX3	5206.29	8080.09	2332.48	4707.83	8696.17	719.49	3711.94	9538.35	-2114.47	6202.17	13826.61	-1422.26
K	GX4	11922.89	24781.21	-935.43	27237.53	40947.14	13527.93	13762	33678.41	-6154.41	25398.43	54344.95	-3548.1
省	GX5	559.17	559.17	559.17	472.44	1293.74	-348.86	523.79	544.68	502.91	-8.31	17.2	-33.82
区	GX6	3878.71	6519.66	1237.76	4660.9	8367.01	954.79	12436.67	17016.59	7856.75	-3160.29	4349.68	-10670.3
公	GX7	11538.43	18291.07	4785.79	16493.62	34452.59	-1465.35	14069.8	25284.84	2854.75	13849.88	36180.7	-8480.93
司	GX8	0	0	0	3796.26	6005.59	1586.93	385.4	385.4	385.4	0	0	0
	GX9	0	0	0	8693.46	17295.61	91.32	0	0	0	0	0	0
	GX10	2979.8	4770.95	1188.64	4671.08	8723.62	618.54	4025.71	6319.3	1732.12	3458.16	8669.46	-1753.13
	GX11	400	400	400	257.67	257.67	257.67	34579.15	45139.92	24018.39	-14715.8	20827.86	-50259.5

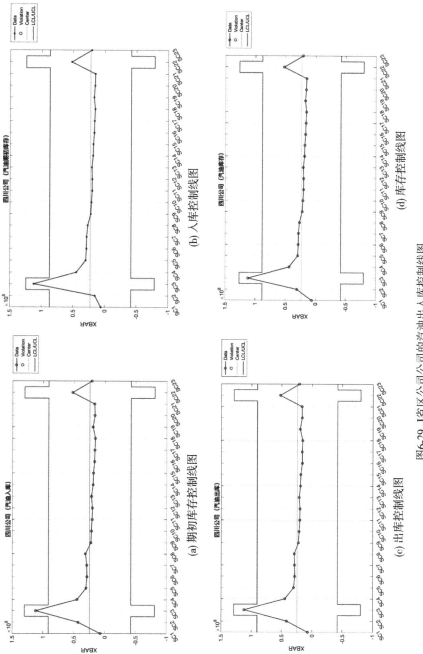

图6-29 I省区公司公司的汽油出入库控制线图

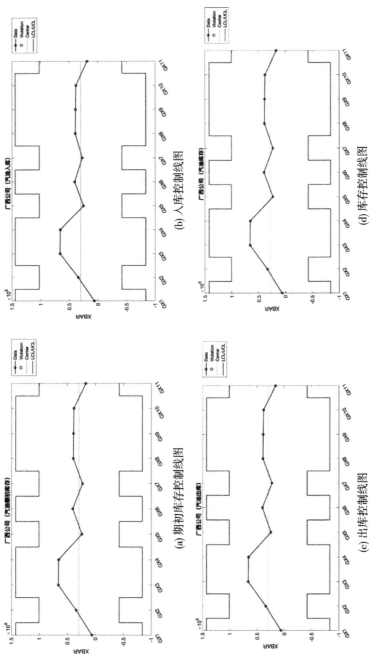

图6-30 K省区公司公司的汽油出入库控制线图

本节研究首先基于物流一体化的思路着重对成品油销售企业库存控制系统进行了深入剖析，系统分析了一体化库存控制系统的组成结构以及协同控制模型。其次，研究重点探索了成品油销售企业基于数据驱动的一体化库存控制策略，包括：油库流量分析模型、"布局—供应—库存控制"CLPI 集成模型以及库存控制线研究。最后，重点在需求预测分析的基础上，联合站点布局—供应—库存控制进行集成分析，构建 CLPI 模型，并以 X 集团大区销售公司为例进行了实证分析，同时基于统计指标与 XBRA 数据控制线，系统分析了 X 集团大区销售公司在成品油物流调运与库存管控的上线界限。

三、成品油物流配送及其优化

（一）成品油物流配送的含义及现状

1. 成品油物流配送的含义

成品油物流配送是指成品油销售企业根据市场和客户的需求，对石油产品进行装卸、储存、运输、配送和信息加工，实现石油产品从空间位置向消费者转移的有机过程。成品油物流系统是一个具有特定功能的有机整体，它由油库设施、运输工具、通信设施、人员等因素在特定的空间和时间内构成。成品油物流网络是实现产品销售的一个巨大系统，其设计目标是通过中心油库的合理布局，优化配送路径，降低运输成本，提高管理水平，满足客户需求。

成品油物流配送一般分为一次物流和二次物流两个过程。一次物流是指从炼化企业将成品油运输到销售企业的油库中的过程，二次物流是指从油库将成品油运输到加油站或最终用户的过程。目前，大多数 X 集团的区域销售公司用传统的方式进行二次物流的配送，但并没有制订统一配送计划、统一配置运输能力、统一库存管理和加油站的柔性分布。

成品油配送是指成品油配送中心将成品油配送给客户的物流活动，这一活动要满足客户对油品种类、数量、时间、地点、品质等方面的需求。从实施方式来看，成品油配送是指根据客户的需求，将成品油以最科学、最有效的方式交付给客户的过程。按照经济资源配置来看，成品油配送是以成品油这一资源配置为核心，应用现代配送形式实现的经济活动。

　　成品油配送系统是其营销系统的重要构成部分。它由满足一级物流配送和二级物流配送需求的储运设施、满足物流配送需求的运行机制和管理体系以及相应的信息系统组成。其中，信息系统和储运设施构成物流配送系统的硬件，物流配送中心及其相应的运行机制和管理体系构成物流配送系统的软件。

　　在成品油供应链中，成品油物流配送是消费者、销售商、炼化企业之间的桥梁，在整个物流一体化系统中发挥重要作用。具体如图 6-31 所示。

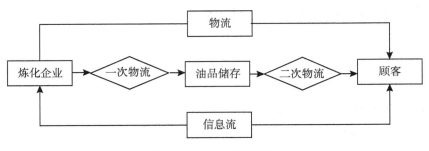

图 6-31　成品油物流模式

　　在提高成品油配送速度的同时要对每个成品油的工作环节进行细分，并且提高各环节的工作效率，那么在这个过程中，有很多要素会对这些配送环节产生作用，接下来将详细进行分析。成品油配送影响因素分析图如图 6-32 所示。

　　(1)划分基本配送区，即首先确定消费群体的分布情况以及加油站布局，然后结合客户及加油站布局再次整体划分。基于此，每个客户都包含在一个不同的配送区域中。分区前，制定详细的油库设置位置表和消费者分布表，然后依据这两个表对配送区域进行划分。

　　(2)确定配送油库，即挑选辐射区域内最近的配送油库，配送油库的选择也是一个比较大的难题，选择的一般目标是将综合配送效率增加到最高，坚持满足区域内消费者的需要。并且最近配送站的挑选与配送总成本和配送的总体效用的改变有关。

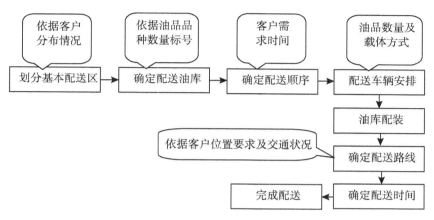

图 6-32 成品油配送影响因素分析图

（3）确定配送顺序，即根据客户订单的交付时间和需求的迫切性对配送订单进行一般预测。为了保证终端消费者或加油站需要得到满足，在此基础上提高运营效率。

（4）配送车辆安排，即依据人员信息和车辆信息进行车辆型号的选择，但是必须确保配送车辆的负载和容量是否满足订单上的要求。配送车辆在具体操作中必须遵循一定的操作规程。

（5）确定配送路线，即确定消费者或加油站的地理位置、配送车辆、配送油库后，根据以上信息选择路线，确保配送效率。传统的配送有确定的路线和简易的配送流程，这种相对确定的配送路线较利于货主与消费者之间达成联盟，极易损害物流系统整体功能。

（6）确定配送时间，即根据配送中心发布的调度指令，在搜集到适合的所有信息后，组织开展油品配送流程。

2. 成品油物流配送的现状

目前，我国在成品油配送虽有一定的成果，但仍旧存在较多的问题，下面主要从 X 集团大区销售公司在成品油配送方面的问题展开分析：

（1）油库布局不够合理。

①省级企业注重二次配送，没有从宏观上考虑整个配送系统的发展，不利于建设 X 集团整体性和全局性的物流系统。同时，并没有根据实际需要对油库进行定位，导致定位不准确。

②复杂多变的自然环境，在一定程度上制约了成品油运输的发展，再加上油库布局的先天性不合理，容易产生供给不稳定，对市场的拓展有一定的不利影响。

③油库的经营所有权比较复杂，分别隶属于炼化企业、大区销售公司、省区销售公司等，因此，在油库管理中，增加了浪费的可能性。许多油库是根据旧的分区划分的，仅仅是为了缓解一定时期的局部产销矛盾。一些油库储油能力不足与部分油库闲置的情况交替发生。

④油库改造方面，由于油库接卸及发运设施不健全以及库容品种结构的不合理问题长期得不到解决，必然影响油库调节阀、蓄水池作用的发挥。

（2）配送方式方面存有不足。

在配送方式上主要存在以下问题：

第一，铁路运力的发展几乎接近饱和，从以下两方面来进行说明。①相对来说，轻油罐车数量较少。这是因为铁路运力与炼化企业生产之间的冲突日益加剧。让我们以兰郑为例，据预测，在现有道路上的车辆数目相同的状况下，对车辆的总需求将为 2000 辆，但是轻油罐车的数量远远无法满足需求。②已无法挖掘西部地区干线铁路的潜力。因为甘肃特殊的自然环境所限，在比较重要的运输线路上，运力已达到饱和，其利用率已基本达到 100%，特别是在需求较大时，铁路干线运输已无法满足需要。

第二，装卸的作业水平较低，且基础设施较为落后。具体来讲，①一些炼化企业的公路运输无法满足需求。也就是说，无论是质量还是速度，都无法对成品油进行有效配送。②炼化企业铁路栈桥容量不足。换句话说，铁路货运班列的配送规模与其储存空间不匹配。因此，取货和送货需要很长时间。

（3）信息化程度不高。

硬件方面：没有建立统一的信息化平台和数据中心。

软件方面：①二次配送中的信息化建设水平不高。二次物流架构简单，机制不完善，建立健全的二次物流体系需要多方面协作。主要体现在：粗放型的配送；对成品油的调运主要依靠人力来进行计算；有着很高的成本。

②信息系统建设水平较低。一次配送中物流信息化建设技术不完善，尤其是缺乏对油库管理的信息化建设，这致使公司职能部门之间信息技术的分析应用严重不足。

③没有与炼化企业存储等信息实现共享，不利于一次配送物流工作的高效率高质量组织。导致的后果是：一是运行组织的响应速度很慢，制约了大区销售公司对上游炼化企业服务的及时性。二是现有的信息不能很有效地为决策提供支持。目前的决策判定基本是经验模式，如此必然会导致生产与市场需求不协调的现象。

（4）在配送组织上仍存有不足。

①资源生产和市场需求之间衔接不紧密现象比较严重。炼化企业的维修往往更为密集，直接的结果是资源短缺，并且也破坏了市场供应链的连续性。炼化企业的主要生产周期为 10 月至 3 月，此时市场需求相对较少，直接导致的结果是严重的供过于求。

②储油能力与产销之间存在很大的冲突。最重要的原因是，炼化企业正在耗尽存储空间，而且产量是在不断增加的。与 8 年前相比，X 集团成品油产量增加了 1480 万吨，成品油种类增加了四种。然而，成品油库容增加不到 18 万立方米。且经常出现一些小型企业的空库容接近最底线，使企业经常面临停产的危险。

③物流机构冗余。在具体操作过程中存在很大的缺陷：权利范围不明确；不能进行专业化管理；操作相对落后；部门间协作水平较低。

④企业专业化程度不高、管理机制不畅通。在成品油配送中，大区销售公司的职责为一次运输的实现。省区公司的职责是二次物流的输送。换句话说，炼化企业和市场之间的联系根据其功能分为两个链条，导致的后果是，首先，增加了物流成本；其次，物流资金占用较多；最后，省区销售公司不能专注于油品销售工作，经营效益不能凸显，整个利益链条效益缩水，压缩了企业的生存空间。

（二）成品油物流配送的类型和形式

成品油的配送包括工作环节和配送形式两个方面的内容，且这二者的形式又多种多样。这主要是因为要结合不断变化市场环境，适应并满足各种不同的生产及消费需求。

各种配送形式都具有其独特的特点及优势，以及适用条件及环境。本书以下列各指标对成品油的配送形式做具体划分，具体如图 6-33 所示。

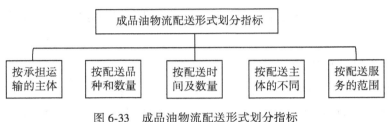

图 6-33　成品油物流配送形式划分指标

1. 按配送服务的范围划分

（1）资源串换式配送。

资源串换式配送的实施者是不同的资源拥有者，因为客户对资源的需求地点不同，使本地资源可以进行相互交换，从而不仅可以大幅度降低费用，还可以提高配送的效率和服务目的。

（2）城市物流配送。

城市物流配送所针对的客户群体主要集中于城市，它的主体为城市用户或者加油站，其油库选址首要满足市区内消费者对油品的需求，位置要在城市附近利于油品接卸的铁路及码头等地。此外，它的辐射范围基本以城市地理面积为半径，市场供应反应迅速、灵活，可以多批次、少批量不间断供应。

（3）区域物流配送。

区域物流配送方式与城市物流配送正好相反，它具有较强的辐射能力，辐射范围广，能够开展跨省、区、市的物流配送活动。它的配送过程打破传统配送模式及行政区域划分，将整个市场需求作为一个整体通盘考虑，以实现最低的运行费用和最有效的配送效率。区域物流配送的体系支柱是其配送中心，对象是公路旁的加油站。

2. 按配送主体不同划分

（1）炼化企业直接配送。

炼化企业直接配送基于较短的距离和较高的配送成本，即炼化企业和运输点二者间的距离较短，若由配送中心完成反而会增加配送成本，降低配送效率，因此，从降低成本费用的角度出发，选择炼化企业直接配送，在节省成本的同时提高效益。一般情况下，如果加油站距离炼化企业较远，炼化企业就不会直接配送；如果炼化企业为加油站或者客户花费的精力较少、配送成本较低，炼化企业就会直接配送。

（2）加油站配送。

经营成品油的加油站是加油站配送方式下的组织者，其特点是零售占主导位置，规模较小，客户量少，需求小。但其自身的优势是以加油站附近的机构用户为主，具有比较齐全的油品品种，配送较容易组织。同时，这种配送方式具有较高的灵活性，适合配送小批量用油，可以作为大配送中心的辅助。加油站配送方式因其规模小且灵活，所以用来补救缺货和紧急情况，它的高效率和灵活性的特点在这种情况下体现得淋漓尽致。

（3）配送中心配送。

配送中心配送的组织者是专门从事成品油配送业务的机构，这种机构有较强的配送功能，拥有专业的配送组织团队、专门的运输设备、完善的配送体系，可以根据客户需求调配整个行业的油品资源，其特点是配送范围和数量都比较大。但是这种配送也存在不足，主要在于其配送成本较高。较高的配送成本导致配套设施的规模较大、投资较高，但是建成后的灵活性不高。此外，销售主体在配送过程中付出的精力过多，导致其在其他方面付出的精力减少，例如库存，就会减弱成品油物流系统的效用。

3. 按配送时间及数量划分

（1）即时配送。

即时配送是应急配送方式，要按照用户的临时应急需求进行即时配送，其特点是灵活性较高，但其配送成本也会因此而加大。这种配送方式对配送中心具有较高的要求，配送中心需要符合以下条件：一是信息管理系统要比较完善；二是配送的交通工具具有多样化；三是油库的管理系统要较为先进。

（2）定时定量配送。

定时定量配送综合了即时配送和定量配送的优点，它对配送时间和配送数量都有一定的要求。它的配送方式较为精密，是我国成品油配送发展的主要方向。

（3）定量配送。

定量配送主要是依据供需双方事先协议的数量开展配送工作。其特点是具有较强的计划性，配送数量固定，管理形式相比而言也更加容易。这种方式的优势在于对配送数量的约定，正是因为这些约定，配送数量可能出现的问题能在很大程度上被避免。

（4）定时配送。

定时配送中的"时"指的固定的时间或者时间间隔。这种配送方式要求按"时"进行配送，对时间要求比较严格。但是油品的供需双方可以同时决定品种和数量，同时，可以按照计划配送品种和数量。配送的具体运作以固定的时间或者时间间隔为指标，其中这个固定的时间或者时间间隔由配送双方商议后决定。

4. 按配送品种和数量不同划分

（1）多品种配送。

多品种配送不仅只运送一种油品，它还要求运油罐车可以同时运送不同品种的油，要将客户需要的几个品种同时运送到某一目的地。这种配送方式对运送油品的车辆也有要求，车辆不仅要拥有大容量、可以分装，还要运输效率高。这种方式有利有弊，优点是可以涉及多种油品，满足不同客户需求；不足是在装载卸货的过程中对每一种油品都要有明确的标志，同时配送过程中，每种油品的性能和特点都必须符合规定，对油品质量、封装、运输等的要求要同时满足。

（2）单品种大批量配送。

单品种大批量配送是成品油配送过程中最常用的一种方式。这种配送方式与多品种配送不同，其特点是需求周期稳定、品种较为单一、批量大、不混装。这种方式的运作较为简单，主要把握好成品油的需求周期，通过需求周期确定配送的具体运作过程，其油品装卸、调配、运输都更为方便。

5. 按承担运输的主体划分

（1）第三方配送。

第三方配送是指将成品油的运输交托给第三方专业机构，减少运输过程中可能造成的风险，是一种风险转移的操作模式。第三方配送方式具有重要的意义，主要包括：减少固定资产的投资和资金占用，将运输过程中的风险转移给第三方，同时转移专业化配送管理造成的低成本运行，高标准服务通过合理成本来获得，可以降低成品油在运输过程中的费用，同时还可以提升市场竞争力。

（2）企业自营运输。

企业自营运输是成品油销售企业不过度关注用户需求，一般按照企业所具备的配送情况和条件，由企业自主拥有的配送中心提供运输车辆完成整个配送过程。在过去的很长一段时间里，省区销售企业均为自营运输，各省地的二级公司也都有运输车队。但是这种并不专业化的配送方式不能适应现代化的物流体系，更重要的是，它会为危险品的运输过程埋下隐患。

（3）自货自运的个体运输。

自货自运的个体运输是省区销售公司一般不参与油品选择、配送车辆和规划路线，这些工作由客户自己选择，省区销售公司只要按照客户的要求直接进行提取，客户会从运输活动中获取相应的利润。这种运输方式主要针对成品油批发市场的客户，要求对成品油的需求稳定、需求量大。

（三）成品油物流配送渠道分析

成品油的配送渠道主要分为以下几种，具体如图 6-33 所示。

从目前石油销售企业配送渠道看，省区公司更倾向于采用一级渠道，即从

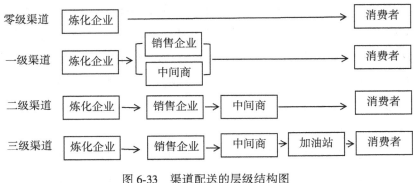

图 6-33 渠道配送的层级结构图

炼化企业运输成品油到销售企业进行销售。在满足加油站需求的同时，将油品配送给中间商去进行销售，这就形成了二级渠道。三级渠道是中间商为了赚取比较大的利润，大批量地购进成品油，然后再零散地销售给加油站。

在同样的配送渠道中，配送体系可能是不同的，会存在多个零售商和供应商，销售企业可以根据自身的发展状况来选取适合自身的配送渠道。

（四）成品油物流配送优化研究

1. 油库布局完善

第一，关停闲置低效的油库。比如 X 集团大区销售公司在陕西地区有 3 座油库，距离非常接近，尤其是宝鸡油库使用的比较少，库容量非常低，依据减少成本，优化布局的原则，应该关闭此油库。

第二，扩大一些油库的容量。面对成品油市场的快速增长和品种的不断增加，局部区域的储存能力明显不足，应研究扩大储油能力以保证供应的及时性。比如陕西境内个别油库库容已经无法满足市场需求，应根据市场需求产品结构及供求季节性变化等因素，适当扩大部分品种的储油能力。

2. 成品油物流配送方式优化

一是有效提高运输工具的实载率。根据现代物流理论，在成品油物流过程中，可以选择合适的运输方式，因为增加运输方式的运载量意味着单位平均重量的运输成本越低。因此，增加运输工具的实际负荷率，考虑运输工具的额定承载能力，可以降低运输成本、提高运输效率。想要提高运输工具的运载率，需用以下的方法：一是要从整体考虑资源的流动，对成品油运输过程中的迂回运输、空载等问题进行优化，使成品油不因为特定的运输装备而产生单向运输的情况，考虑油品之间可以怎样进行安全的运载，进行返程时候的二次运载。二是选择合理的运输路线、合理搭配运载的油品，在运输设备的既定荷载量的情况下实现配送效率最高。

二是选择合适的运输方式。在成品油物流优化的过程中，运输方式的选择至关重要。在选择运输工具时需充分考虑运输距离、运输工具的特性等要素的影响。可以依据特定的运输路线，计算可实施运输方式应如何结合才能使运输效率达到最优。

3. 成品油物流配送组织优化

在配送组织优化上，主要有以下措施：

第一，及时优化配送的路线。依据现代物流一体化管理的理论，尽量安排直达运输，加快运输速度，不能使用单向运输，应合理对运载工具的储存容量进行规划，安排车辆循环运输，降低空载率。

第二，针对资源与需求不匹配的问题，在消费者的主要需求季到来之前，对成品油加大库存容量，避免因为油库设备的维修带来的供不应求。

第三，削减管理机构，减少管理冗余。打破油库的行政区划，将省级配送机构的管理进行优化，建立完善的配送体系。

以 X 集团大区销售公司为例，如果要真正实现配送流程的优化，必须打破省区销售公司的行政区划，通过协同上下游企业来转变仅仅在公司辐射区域内的物流配送，应以经济的原则来进行成品油的物流配送，整合整个配送系统，进行优化。

四、成品油物流信息系统管理

(一) 成品油物流信息系统构建策略

伴随着国家科技信息技术的迅猛发展，成品油物流信息系统开始被成品油销售企业广泛应用，大数据、云计算等为物流信息系统的建设提供了新的方向，并深刻影响着物流的管理。成品油的物流信息系统即在物流的各个物流节点中运用条形码、射频技术以及 GPS 等实现物流的信息化管理。物流的信息功能贯穿于整个物流系统，协调各项物流活动，整合物流资源，提高物流效率。物流信息系统始终贯穿于整体物流系统中，是信息中枢，为整体物流一体化协同提供了基础。

1. 物联网技术是物流一体化协同的基础

现代物流的自动识别领域是物联网技术的发源地，基于 RFID/EPC 和条码自动识别等技术、传感器的感知技术、GPS/GIS 的定位追踪技术，实现物流系统的信息实时采集与上网，实现"物与物自动通信 (M2M)"，使得物理世界的实体物流网络"地网"能够与虚拟世界的互联网的"天网"对接与融合。

2. 互联网与移动互联网是物流一体化协同的中枢系统

进入互联网的物流信息通过在互联网中集合、运算、分析、优化、运筹，再通过互联网分布到整个物流系统，实现对现实物流系统的管理、计划与控制。

3. 大数据、云计算是物流一体化协同的大脑

物流信息系统的计算与分析模式适应了现代物流实体网络体系的运作模式，一般采用分布式的和网格式的云计算模式。智能物流技术装备是物流一体化协同的骨架，物流互联网的实体运作与应用是要通过各类智能设备来完成的。智能设备是指嵌入了物联网技术产品的物流机械化和自动化的设备，也可以是普通的物流技术产品，其核心是这些设备与技术产品一定可以实时接入互联网。如嵌入了智能控制与通信模块的物流机器人、物流自动化设备，嵌入了 RFID 的托盘与周转箱，安装了视频及 RFID 系统的货架系统等。

物流系统并不是只由信息系统组成，而是通过信息系统的构建，将物流流通的各环节联系起来，实现成品油的空间移动，实时共享物流信息。

物流信息系统用于搜集、加工和存储有关于信息管理的数据，主要数据形式是报告、文件、表格、图形等，属于物流整体系统的一个至关重要的子系统。这些各种形式数据的整理和处理将为物流管理者的决策提供依据，确保物流系统的协调和运行。物流信息系统如图 6-34 所示。

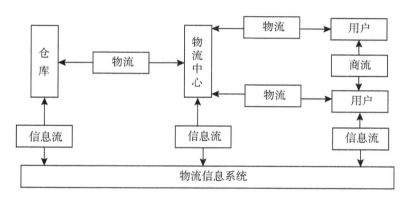

图 6-34　物流信息系统示意图

为了使物流管理者根据物流信息进行决策，物流信息的数据处理过程主要包括以下六个方面：

（1）信息收集。

企业物流系统的构建与市场环境的变化密切联系，因市场环境变化得较快，物流的发展也会根据市场和需求的变动而发生改变，而且随着环境的发展，物流系统需要的信息也会不同，那么就需要利用新的信息技术随时收集变化的信息。在收集信息时，为了管理者方便浏览和使用，应将信息统一进行编码，这样分散的物流信息就被整合在了一起。

（2）信息加工。

因为物流信息搜集的用途和目的是不一样的，所以有必要进行信息的深度加工，实现物流数据高效使用的效果。对原始数据进行分类和整理后，数据就成为了二次信息，在二次信息的基础上，提炼出管理者所需的数据，形成自己的观点，这样的数据才会发挥它最大的价值。这些信息能够满足管理者的需要，并综合反映市场的消费者需求等的变化情况。

（3）信息存储。

将信息进行加工和处理后，为了方便以后的使用，要对数据进行存档，利用优盘、数据库等媒介，将数据存储在里面，形成很好的信息资源。

（4）信息传输。

物流信息的收集和利用是一个跨部门、跨子系统的信息传递过程。信息传输中会发生如格式错误、数据丢失、失真等问题，因此信息的传输并不简单，需要传递的内容需与管理者进行沟通和协调，确保这些数据是有效的。

（5）信息检索与查询。

在信息爆炸的时代，在信息查询时会出现很多无效的信息，浪费浏览时间，这就需要有信息检索的功能，管理者可依据自身的需求去查找所需数据，提高信息浏览的效率，并且上级部门可对下级部门信息查询的权限在物流系统中进行设置，保障信息的安全。

（6）信息输出。

信息输出是通过信息查询和检索得到的最后信息，这些信息被存储、处理、搜集，最后以图形、文本和报告的形式，提供给管理者或决策者进行使用。

现代物流管理把生产和销售联系在一起，以创造规模经济、加快流通速度为重点，集信息流、实物流、资金流于一体形成的物流系统。经济全球化和计算机技术的发展，促进了新的竞争格局的形成。新的竞争格局史将过去的商品间的竞争转换为供应链的一体化竞争。物流系统是一个复杂的系统，有很多环节，通过物流的流动来连接各环节。各环节相互作用、相互协调、相互联系，及时、恰当地调度系统内部资源，实现系统总体目标。信息在物流系统中起着重要的作用，通过信息的交流与共享，实现物流系统基本资源的互联与调度。因此，信息是进行物流活动的基础。

（二）成品油物流信息系统的管理及优化

1. 整体规划，统筹兼顾

在成品油企业信息系统的建设中，"整体规划，统筹兼顾"是至关重要的一个原则，企业信息化项目的失败是由于在信息化的初始阶段对信息化的错误认识造成的，因此在物流系统的建设中各个企业不能各自为政，不考虑其他职能部门的运营安排，不顾全局的系统优化。在规划中，循序渐进地作出行动方针和适当选择。不仅要统筹规划，而且要按部就班地实施，要遵循由浅入深的总原则。

2. 合理确立系统目标和内容

在建设管理信息系统时，包含信息系统使用效果、信息系统要达到的目标、系统使用的状态等很多问题。通过调查难以了解全部的问题，所以信息系统要达到的内容和目标更加不容易制定。在建设管理信息系统网络前，通常只会有一个大致的目标，精确的目标是难以确定的，如果管理者有详细的目标那就意味着建设出来的信息系统是非常简单操作的，往往达不到管理者的要求。因此，建立管理信息系统只需制定一个系统的目标和了解所需的系统功能即可，管理者做到统筹安排，在系统建设完成后对员工进行培训，使其尽快能运作起来。

建立信息系统涉及多方的影响因素，解决管理者对系统建设目标不明确等问题有以下的对策：

（1）对信息系统进行分解。系统建设主要有复杂的结构、庞大的规模和难以掌握的特点，将复杂的信息系统拆解、打散，进而降低信息系统的复杂性，而且子系统相对来说比较简单，容易掌握它的目标和内容。对子系统的划分可依据职能部门进行简单的区分，给每个子系统确定其实施标准和权限，并且要有统一的规范，综合各系统的功能形成整体的信息系统。

（2）对信息系统进行综合评估。子系统所要达到的目标和运行的效果会极大地影响整体系统的性能，但是各个子系统分解后可能会因为不同的目标而不能整合在一起，这就需要对各子系统进行评估，消除其对整体信息系统不利的影响因素，使各子系统结合后能达到整体的目标和预期的效果。

（3）建设信息系统要逐步逼近。在各个子系统达到各标准的要求上，对消费者的需求进行市场调查，然后根据消费者的需要，逐步优化信息系统，在这个过程中，信息系统的构建目标会逐步明确，而且更会达到柔性化的要求，对市场作出快速响应。这样确定整体信息系统的目标不仅可降低系统建设的复杂性，而且使新用户接受此信息系统更快速。

3. 构筑基于 Internet/Intranet 的物流信息系统平台

物流信息系统平台是由物流管理信息应用系统和网络计算机中心两个方面组成。其中，Web 服务器、安全系统、各类终端和 Database Server 等构成了网络计算机中心，物流信息系统平台是基于网络计算机中心而构建的。主要的功能有：系统管理功能、Web 管理功能等。计划环节、采购环节、运输环节、配送环节等构成了物流管理信息应用系统，是建设物流信息系统平台的核心部分。基于 Internet/Intranet 的物流信息系统平台，可将物流流通的各环节用信息技术连接起来，实现互联互通，实时观测物流的动态，不仅节约了时间，而且提高了各部门的效率。

4. 物流信息系统的实现

（1）成品油企业物流信息系统的体系结构。

在未来，"深度融合""云化分享""智慧连接""供应链""新科技""宽平台""区块链"等将成为物流产业发展关键词。现代物流企业信息化建设以实现"智能、智慧"为终极目标，着力于构建"技术体系+标准化体系"两大支撑体系，围绕"生产管控一体化，产业供应链一体化，资产全生命周期管理"三大主线，提升"全面感知、优化协同、预测预警、科学决策"四项能力，实现"数字化、集成化、模型化、可视化、自动化"五化特征，对应"基础技术、作业执行、订单协同、营运管控、战略决策"五大层级，最终实现建立从"决策层—管理控制层—业务操作层"自上而下的全透明综合信息平台，快捷地进行数字决策，持续提高企业竞争力。

（2）系统开发的关键技术。

物流技术包含两个层次，一是功能技术，二是信息技术。功能技术主要包括装卸搬运技术、包装、仓储、运输等；信息技术指的是处理物流信息所采用的各类技术，信息技术在物流活动中的广泛应用极大提高了物流运作效率。目前物流技术的应用也极为普遍，如条形码技术（Bar code）、全球定位系统技术（GPS）、射频识别技术（RFID）、物联网技术等。物流技术是朝着高效、低耗、集约、可持续的方向发展的。

第七章 成品油物流外部一体化协同优化研究

一、成品油物流纵向一体化协同优化

(一)成品油纵向一体化协同现状

1. X集团纵向一体化现状

目前，X集团已形成了从原油勘探、开采、加工到成品油销售的一条完整的产业链。

第一，X集团的上游勘探开发企业开采石油；

第二，炼化企业对原油进行加工；

第三，销售企业从上游炼化企业获得成品油进行销售；

第四，消费者从加油站等购买成品油。

目前，X集团已经实现了全产业链的业务覆盖。在发挥自身优势的同时，实施纵向一体化协同。本节从上游勘探开发环节、中游炼油加工环节、下游成品油物流环节和销售环节分析X集团纵向一体化现状。

(1)勘探开发的资源与能力分析。

2017年，通过推进全面勘探、深化精细勘探、探索集中勘探等举措，进一步优化勘探部署，增加勘探效益，进一步巩固和提高石油和天然气的资源基础，如表7-1所示。油气勘探取得新进展：四川盆地和塔里木盆地获得油气勘探新发现，新疆准噶尔盆地的玛湖地区有重要的勘探进展。

表 7-1   **2012—2017 年 X 集团原油产量**

年份	2012 年	2013 年	2014 年	2015 年	2016 年	2017 年
原油产量（百万桶）	916.5	932.9	945.5	971.9	920	887

数据来源：历年《X 集团年报》。

（2）炼油加工环节的资源与能力分析。

2017 年，依据消费者需求对油品结构和炼油的资源配置进行优化，使得油品的质量进一步的提高，柴汽比由 2016 年的 1.4 降低至 2017 年的 1.29，比重进一步降低；调配原材料的来源，使高附加值的产品产量进一步提高，例如，化工产品作为炼油加工部门高附加值产品，产量比 2016 年增长 4.4%。抓住市场机遇，及时调整化工销售策略，高效产品、高效区域销量稳定增长。2017 年，X集团生产成品油为 9271.5 万吨，比上年同期增长 7.8%，加工 X 集团勘探与生产业务生产的原油为 681.3 百万桶，占比 67.0%，产生了良好的协同效应；加工原油为 1016.9 百万桶，比上年同期增长 6.7%，如表 7-2 所示。

表 7-2   **2012—2017 年 X 集团原油加工量**

年份	2012 年	2013 年	2014 年	2015 年	2016 年	2017 年
原油加工量（百万桶）	1012.5	992.3	1010.6	998.1	953.3	1016.9

数据来源：历年《X 集团年报》。

（3）销售环节的资源与能力分析。

国内大型石油石化企业持续优化销售结构、提升终端零售能力，成品油销售取得很好的成绩，更加注重质量与规模的关系，对市场需求的反应速度增强。2017 年全年国内成品油销售量达到 169466 万吨，同比增加 6.5%，如表7-3 所示。为进一步拓展终端市场，提高市场占有率，X 集团持续强化营销网络布局建设，2017 年新增加油加气站 504 座，截至 2017 年底，公司在国内运营的加油站总数达到 21399 座，国内油气管道总长度为 82374 公里，其中，天然气管道长度为 51315 公里，原油管道长度为 19670 公里，成品油管道长度为 11389 公里。

表 7-3　　　　　　　2012—2017 年 X 集团成品油销量及加油站数量

年份	2012 年	2013 年	2014 年	2015 年	2016 年	2017 年
成品油销量(万吨)	153277	159133	160878	160097	159107	169466
加油站数量(座)	19840	20272	20422	20714	20895	21399

数据来源：历年《X 集团年报》。

2. X 集团大区销售公司纵向一体化现状

近年来，X 集团大区销售公司着重提高纵向一体化水平的效率，进行纵向一体化成本管控，提高纵向一体化信息化程度，并取得了突破性的进展，然而，还存在信息化不共享、购销价格市场化程度低、各自为政、管理机构冗余等急待解决的问题，如表 7-4 所示。

表 7-4　　　　　　X 集团大区销售公司纵向一体化存在的问题

序号	问 题 描 述
1	缺少贯穿纵向一体化的管理机构：因为纵向一体化连接的各个环节都有很强的专业性，因此在销售计划制订、配置、交货等环节，销售企业、炼化企业之间，对业务的交接存在难点，不能实现横向的合作，各个部门各自为政，不会考虑整个系统的全局利益，因此产生很低的协同效应
2	成品油纵向一体化条块分割严重，难以高效运行：整个成品油纵向一体化主体单位有三种划分方式：第一种是依据运输方式划分为管道运输公司、海运运输公司、公路运输公司等；第二种是依据配送方式划分为地市级销售公司、省区销售公司、大区销售公司等；第三种是依据品种划分为化工油品类销售公司、燃气销售公司、润滑油销售公司、燃料油销售公司、煤柴汽油销售公司等。可以看出，各个公司之间的业务是有交叉的，条块分割严重，不能从全局利益出发，进行消费者或者市场的竞争，对纵向一体化效益的增加产生了非常不利的影响

序号	问 题 描 述
3	纵向一体化上购销价格形成机制仍不够完善：X 集团的炼油企业、成品油销售企业的销量和产量由 X 集团的总公司进行确定，确保在市场上不会发生无序竞争，并且会兼顾各个主体单位的整体利益；X 集团大区销售公司油品价格不是由消费者需求而产生的市场价格，而是统一由 X 集团的总部下达行政指令，统一进行定价；那么成品油销售市场的价格就缺乏竞争力，一旦别的竞争公司以低价进行成品油销售，地市级的加油站将难以应对，因此价格形成市场机制缺乏，下游企业应拥有一定的定价权利
4	纵向一体化信息整合程度偏低：因为各个主体单位是相互分割的，因而每个公司均有属于自身的信息系统，但是这些信息并没有进行整合，这就形成了信息孤岛，使得成品油销售企业的横向和纵向信息不对称。尤其对上下游企业产生很大的副作用，如果上下游企业间的信息系统统计口径不一致，会对优化运行工作中造成很大的不便，也会对上游优化生产结构带来判断上的偏差，甚至造成投资决策上的失误，给企业发展带来极其不利的影响

尤其值得注意的两个重要问题：

(1)成品油纵向一体化条块分割严重。

整个成品油纵向一体化主体单位有三种划分方式：第一种是依据运输方式划分为管道运输公司、海运运输公司、公路运输公司等；第二种是依据配送方式划分为地市级销售公司、省区销售公司、大区销售公司等；第三种是依据品种划分为化工油品类销售公司、燃气销售公司、润滑油销售公司、燃料油销售公司、煤柴汽油销售公司等。在物流各环节存在着显著的不同，那么在"X 集团大区销售公司大物流发展战略"的观念下，不同种类的油品产生了如下效果：

①各下属企业已具备了各具特色、适合自身发展需要的物流管理体系雏形；

②虽然物流资源十分丰富，但资源利用效率相对较低，资源配置还存在较大的优化空间，物流效率亟待提升。

（2）纵向一体化信息整合程度偏低，信息支持作用明显较弱。

为了使各类主体单位形成业务的全面覆盖，加强公司的核心竞争力，对业务实现集成化发展，需要建立系统全面的物流网络信息化平台，实现产业链纵向的信息集成共享，充分依靠信息化提升整体产业链的整体效益、运行效率。

（二）石油产业纵向一体化协同测算

1. 石油产业纵向一体化计算方法

（1）增加值指数法。

1955 年，Adelman 最早提出 VAS 增加值法，Gort（1962）[①]、Nelson（1963）[②]、Laffer（1969）[③]、Tucker 和 Wilder（1977）[④]，在其定义的基础上，又展开了更为深入的探讨，目前 VAS 增加值法在行业的研究中被很多学者所应用。VAS 比例是用企业的增加值除以营业收入。无论企业兼并供应商或并购销售公司，企业之间的交易都视同内部交易而不抵消，进而导致销售收入下降，VAS 会增加。VAS 数据易得且便于计算，但是存在两个显而易见的缺点：第一，企业处于产业链的不同位置会影响 VAS 值的变化，如果企业位于产业链的底端，那么 VAS 增加值会越小。第二，VAS 增加值不仅受企业纵向一体化程度的影响，还会受诸如收入等的影响。它的计算公式如下：

VAS=｜ 企业增加值/企业营业收入 ｜

（2）P-R-M 法。

1995 年，为计算石油产业的纵向一体化程度，Fernando Barrera-Rey 利用

---

① Tucker, Irvin B, Ronald P. Wilder. Trends in Vertical Integration in the U.S. Manufacturing Sector[J]. Journal of Industrial Economics, 1977, 26: 81-94.

② Rumelt, Richard P. Strategy Structure and Economical Performance. Cambridge[M]. Harvard University Press, 1974.

③ S W Davies, C Morris. A new index of vertical integration: Some estimates for UK manufacturing [J]. International Journal of Industrial Organization, 1995(13): 151-177.

④ Subal C. Kumbhakar, Soumendra Ghosh, J. Thomas McGuckin. A Generalized Production Frontier Approach for Estimating Determinants of Inefficiency in U. S. Dairy Farms [A]. Journal of Business & Economic Statistics, 1991, 9(3).

P-R-M 原油生产环节法对其纵向一体化水平进行了测算①。我们知道，石油产业的产业链是比较完整的，上游勘探开发、中游炼化加工和下游销售之间是紧密联系，缺一不可的，这种特性使得石油产业计算纵向一体化水平存在着极大的优势。

石油产业的产业链是从原油开采到把石油化工产品销售给消费者的过程，用字母表示为：$P \rightarrow T_c \rightarrow R \rightarrow T_p \rightarrow M \rightarrow C$。其中 P 表示开采和生产原油，T_c 表示通过各种运输方式对原油进行运输，R 表示将原油加工成化工产品，T_p 表示运输成品油等，M 表示对成品油等进行销售，C 表示消费者对成品油的使用过程。

①计算原油加工和原油生产间的一体化水平（产炼一体化）。

产炼一体化（IPR）测算公式：

$$\mathrm{IPR}_{it} = | P_{it} / (R_{it} + P_{it}) - 0.5 | \tag{7-1}$$

R_{it} 是企业 i 在 t 时间的原油加工量，P_{it} 是企业 i 在 t 时间的原油生产量。公式(7-1)中为了减少测量结果的误差，减去 0.5 使结果线性化。$P_{it} / (R_{it} + P_{it})$ 计算出来的比值如果为 1，就意味着企业的业务是生产原油；如果比值为 0.5，就意味着企业既进行原油生产也进行原油加工；如果比值为 0，就意味着企业的业务是加工原油。

产炼一体化的值越趋向于 0.5，说明企业的一体化水平越低；值越趋向于 0，说明企业的一体化水平越高。

②计算原油销售和原油加工间的一体化水平（炼销一体化）

炼销一体化（IPM）测算公式：

$$\mathrm{IPM}_{it} = | M_{it} / (M_{it} + R_{it}) - 0.5 | \tag{7-2}$$

M_{it} 代表 i 炼化企业在 t 时间销售的原油产品。$M_{it} / (M_{it} + R_{it})$ 计算出来的比值如果为 1，就意味着企业的业务是销售成品油；如果比值为 0.5，就意味着企业既进行原油加工也进行成品油销售；如果比值为 0，就意味着企业的业务

---

① Fernando Barrera-Rey. The Effects of Vertical Integration on Oil Company Performance [M]. Oxford Institute for Energy Studies，1995.

是加工原油。

炼销一体化的值越趋向于 0.5，说明企业的一体化水平越低；值越趋向于 0，说明企业的一体化水平越高。

2. 石油产业纵向一体化测算

本书选取 2012—2018 年近七年的数据，运用增加值指数法和 P-R-M 法对石油产业纵向一体化进行测算。

（1）利用 VAS 增加值法计算一体化。

X 集团大区销售公司内部历年统计的数据计算增加值，增加值＝利润总额+职工薪酬+折旧费+应交税金。下面利用 VAS 增加值法计算 X 集团大区销售公司的纵向一体化变化情况，如表 7-5 所示。

表 7-5 　　　　**2012—2018 年 X 集团大区销售公司 VAS 增加值**

年份	2012	2013	2014	2015	2016	2017	2018
增加值（万元）	77889	111247	−503872	−353323	−45070	96096	120550
营业额（万元）	29018619	31084086	32266855	23897580	21316299	27960543	34487801
VAS	0.2684	0.3579	1.5616	1.4788	0.2114	0.3437	0.3495

数据来源：历年《X 集团大区销售公司统计数据》。

根据表 7-5 的计算结果，如图 7-1 所示，X 集团大区销售公司的 VAS 值在 2012 年到 2018 年间呈现出先逐年上升后下降的过程。2012 年到 2014 年，VAS 值从 0.2684 一路上升到 1.5616 并达到顶峰，2016 年经历了大幅下挫，VAS 值降至 0.2114，总体来看，X 集团大区销售公司的纵向一体化程度是下降的。

（2）利用 P-R-M 原油生产环节计算一体化。

①产炼一体化。

产炼一体化就是原油加工和原油生产间的一体化水平，用 IPR 来表示，测算公式为：

$$\mathrm{IPR}_{it} = \left| P_{it} / (R_{it} + P_{it}) - 0.5 \right| \tag{7-3}$$

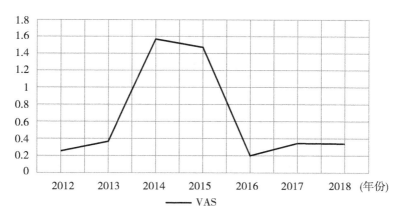

图 7-1　2012—2018 年 X 集团大区销售公司 VAS

　　IPR 的值介于 0 到 0.5 之间，越接近 0 说明一体化水平越高，越接近 0.5 说明一体化水平越低。一般认为，小于 0.125 为完全一体化，大于 0.250 为低一体化。根据表 7-6 的计算结果，由图 7-2 可以看出，X 集团的 IPR 值呈现波动上升，产炼一体化程度一直在降低，但总体水平很高，实现了完全一体化。

表 7-6　　　　　　　　　　**X 集团大区销售公司产炼一体化数据**

年份	原油产量（亿吨）	原油加工量（亿吨）	IPR
2012	0.46	0.56	0.0490
2013	0.47	0.59	0.0566
2014	0.47	0.66	0.0841
2015	0.49	0.65	0.0702
2016	0.46	0.62	0.0741
2017	0.44	0.69	0.1106
2018	0.49	0.73	0.0984

数据来源：历年《X 集团大区销售公司统计数据》。

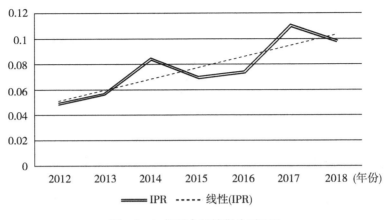

图 7-2　X 集团大区销售公司 IPR

②炼销一体化。

炼销一体化是成品油销售和原油加工间的一体化水平，由于原油制成品主要是成品油，这里就用成品油生产和成品油销售来计算炼销一体化程度，用 IPM 来表示，计算公式为：

$$IPM_{it} = \left| M_{it} / (M_{it} + R_{it}) - 0.5 \right| \tag{7-4}$$

表 7-7　　　　　　　　　　X 集团大区销售公司炼销一体化数据

年份	成品油产量(万吨)	成品油销量(万吨)	IPM
2012	4147	4039	0.0066
2013	4058	4366	0.0183
2014	4671	4739	0.0036
2015	4672	4514	0.0086
2016	4347	4263	0.0049
2017	4834	4930	0.0051
2018	5254	5206	0.0023

数据来源：历年《X 集团大区销售公司统计数据》。

从表7-7来看，2012—2018 年 X 集团大区销售公司的 IPM 值随均低于 0.125，达到了完全一体化，且整体呈现波动下降的趋势（如图7-3 所示），说明炼销一体化是逐年提高的，可能的原因是成品油生产和销售之间的联系比较紧密，从而提高了一体化水平。

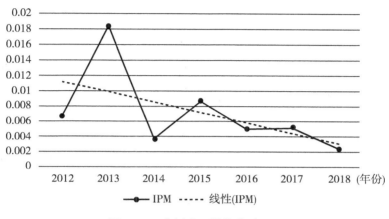

图 7-3　X 集团大区销售公司 IPM

（3）对两种计算结果比较分析。

以上分别采用 VAS 增加值法和 P-R-M 原油生产环节法计算了 X 集团大区销售公司 2012 年到 2018 年的纵向一体化程度变化情况，两种方法的计算共同点和差异共存。

对 X 集团大区销售公司来说，VAS 增加值法和原油生产环节法的结果是企业纵向一体化程度在逐年下降，如表7-8 所示。

表 7-8　　　　　　　　　　2012—2018 年纵向一体化变化情况

方法	VAS 增加值法	P-R-M 原油生产环节法
一体化程度变化情况	下降	下降

主要原因如下：

企业处于产业链的不同位置会影响 VAS 值的变化,如果企业位于产业链的底端,那么 VAS 增加值会越小,这是 VAS 增加值法非常明显的一个缺陷。VAS 值均出现先上升后下降的原因可能是:原油的开采受油田的限制,开采速度较慢,而成品油的销售却随着汽车等商品的增加而增加,这样石油产业链就会向下延伸,导致 VAS 值先上升后下降。VAS 增加值不仅受企业纵向一体化程度的影响,还会受诸如收入等的影响。在计算 VAS 增加值时需要用到收入等指标,所以会在一定程度上影响 VAS 增加值的变化。

P-R-M 原油生产环节法基于石油产业的特点,将纵向一体化分为炼销一体化和产炼一体化,使得计算结果较为精准,所以呈现出产炼一体化程度在下降。

经过以上分析可得出,VAS 虽然有计算准确度不高等缺陷,但是计算得出的 X 集团大区销售公司的纵向一体化水平结果与原油生产环节法的一致,所以可以从大体上反映出 X 集团大区销售公司的纵向一体化程度。P-R-M 原油生产环节法将石油产业的纵向一体化依据石油产业的特性进行细分,可看出 X 集团大区销售公司的炼销一体化水平和产炼一体化水平,且计算的结果比较精确。

(三)成品油纵向一体化协同优化

1. 打造成品油销售企业产炼一体化

(1)布局上游,保障原油供应。

原油是整个石油产品链条的根本,是石油工业发展的基础,充足的原油保证了炼油工业的快速发展。为保证原油供应,应优先发展原油产业。在炼油能力持续增加的时候,产炼一体化正接近饱和。要增强我国石油石化企业国际竞争力,降低成本、增强产炼一体化程度应成为关键举措,为此,就必须降低原油的外部依赖度,增加自产原油的份额比例,主要从两个层面进行:提高非常规石油和天然气的开采和勘探开发,加强国外的石油和天然气资源开发。

受产油国地区安全形势和国际政治经济环境等的影响,我国石油进口主要是经由对外贸易采购国际市场上的原油。欧佩克长期垄断石油生产,再加上国际金融投机者操控石油期货,导致中国的石油销售中成本非常高。我国的消费者对石油资源的需求较大,但是我国拥有的石油资源是有限的,所以必须要与国际上的石油企业协作，运用资金和技术，吸引国外石油企业，不仅仅是进口原油，还要参与投资，实现对原油的开发和勘探。这样才会进一步提高产炼一体化程度。

未来我国石油产业未来的发展方向是加强页岩气、煤层气等非常规油气资源的勘探。页岩气是指页岩及其夹层中富含有机质的非常规天然气，由甲烷组成，主要以吸附或自由状态存在，它是一种高效和清洁的能源。近年来，美国页岩气勘探开发技术取得了很大的进展，产量呈几何级增加，对世界整个能源供应格局产生重大影响。预计从 2020 年开始，美国将从能源进口国向能源出口国转变。目前，许多国家已经意识到页岩气的重要性，均加快了页岩气开发勘探步伐。中国页岩气资源丰富，超过美国的 32 万亿立方米，预计可采储量达 36 万亿立方米。我国页岩较深，技术要求高，开采难度大。一方面，我们需要与国际石油公司进行联合，学习其经验；另一方面，需要加大投入，加快实现国内技术创新突破。

（2）做强中游，推进炼化一体化。

炼化一体化是炼油产业发展的新趋势。将炼油企业与化工企业结合起来就形成了炼化一体化，生产流程的一体化和炼化企业整体布局是其发展重点，促进炼油石化行业的有效发展和提高炼油石化行业综合竞争力是其主要发展目标。从微观层面合理配置石油资源，提高企业投资收益以及降低企业运输和生产成本。许多国际石油公司已将炼油与石化的整合提升至战略层面，例如，BP 集团为了促进下游销售企业的发展，集中沿海炼油产业，形成独特的竞争力，这样炼化企业的规模被整合在一起，比平常的规模高出 80%，并且上游的开采勘探装置与炼化企业的装置实现了一体化[①]。今后，我国应布局大型的化工型炼油企业并对现有燃料性炼油企业进行转型改造，以适应市场消费趋势的变化，实现特色化和集约化的发展。

2. 保持成品油销售企业炼销一体化

由上文测算可知，X 集团大区销售公司的炼销一体化水平是下降的，为了

---

① 宋晶. 纵向一体化反垄断政策研究［M］. 大连：东北财经大学出版社，2010.

推进炼销一体化水平，应从以下三方面着手去进行优化：

第一，加快对非油品业务的开发，利用加油站的优势，在加油站推出新的增值服务，例如，办理加油卡或在加油站发展电子商务，以增强经济效益，创新出新的商业模式。

第二，为消费者提供优质的服务，并且确保良好的油品质量。随着加油站数量的增加，成品油销售市场已接近饱和，在这种情形下，就要从消费者的角度出发，为消费者提供附加服务，使消费者对加油站产生信任。并且要树立良好的品牌形象，加强宣传。

第三，要走出舒适圈，积极开拓新的市场，加快加油站的布局，同时加强石油品牌的宣传，扩大知名度，形成与其他企业良性竞争的格局。

3. 处理好石油产业中企业的垂直边界

（1）中央企业与地方发展合作共赢。

石油企业自身发展与地方经济发展之间的利益博弈是石油产业纵向一体化的另一个特征。我国的油田基本分布在东北和西北地区，炼化企业也主要分布在该区域，这就大大提升了石油产业的产炼一体化程度。近年来新增炼油能力大多在经济较为发达地区，为加工进口原油和海外份额油提供了便利。因此，既提高了产炼、炼销一体化程度，减少了原油、成品油资源的远距离运输，降低了物流成本，也增加了就业，承担了社会责任，促进了当地经济社会的发展。

（2）保持上游优势，促进下游竞争。

石油是不可再生和非常稀缺的能源，因此在石油的开采环节，并不仅仅依靠市场的供求状况来进行开采，为了实现石油资源的高效利用，国家还加大了石油资源的勘探和开采，但仍实施开发准入制，这符合经济规律，因为石油作为公共资源，上游开采企业的特殊性，再加上技术要求较高、资金需求较多，如果不加限制进行开采，将打乱市场秩序，形成"公共地的悲剧"。因此，为了提升市场的占有率，在下游销售环节必须形成有序和良性的竞争，且精准营销，持续提升销售质量和品牌影响力，保持产业链平稳顺畅高效运行，实现整体效益最大化。

4. 加强信息化在炼销纵向一体化建设中的应用

依据"大数据平台""产业链一体化""智慧连接""大物流"等发展目标，为了实现成品油销售的纵向一体化，将从以下三个功能来实现：

（1）定位追溯功能：依靠目前发展的大数据、全球定位技术和射频识别技术等信息技术的发展，首先，在物流信息系统中输入生产地的相关信息，在产品销售到消费者手中，如果出现质量等问题，可以据此对生产商进行追责；其次，对产品的运输状态进行实时追踪，并通过可视化传递给消费者，让消费者了解产品预计到达的时间；最后，通过这些信息技术，销售公司可实时掌握运输车辆及其运输路线的状态，对其进行监督和管理，提高管理效率。

（2）决策功能：在物流配送和物流管理中，广泛使用云平台、大数据等最新的技术，通过运用数据挖掘等方法，可以准确地掌握消费者的需求、市场的波动情况，并且企业可根据遥感等技术，对成品油的运输路线进行很好的规划，不会出现很大的误差，实现物流运输、仓储、配送的自动化以及智能化。

（3）识别感知功能：在物品仓储的过程中，为了实现产品的信息化管理，可以利用射频识别技术对产品进行扫描，了解产品的放置位置，实现仓储管理的自动化，节省人力资本的成本。

二、成品油物流横向一体化协同优化

在实现物流一体化的进程中，企业一般通过兼并、物流外包、投资新建等方式来获取其本身不具有的资源，这些方式对企业的经营决策有着至关重要的影响，会进一步提高企业的服务质量，除了上述的三种方式外，通过企业间的战略联盟也可实现资源的共享，提高经营水平。经济学家威廉姆森基于机会主义和资源有限理论，提出在不完全契约下，交易频率、不确定性和总资产专用性会影响企业间的交易水平和方式，并进一步研究了企业的性质①。他指出市场治理结构与企业交易模式有一种中间的状态，即战略联盟。联盟结构主导了

---

① Joseph D R, Erik S. James P B. Using health care failure mode and eﬀect analysisahe VA national center for patientsafety's prospective risk analysis system[J]. The Joint Commission. Journal on Quality Improvement, 2002(280): 248-267.

市场与企业，在这种制度安排下的协议或产权限制，促进了市场与企业机制之间的相互制约，两者共同努力克服两种制度的弊端。根据威廉姆森的理论，企业一体化经营能够运用以下三种形式：（1）企业方式，是指建立一家涉及上游、中游和下游的大型企业集团来实现物流一体化，这样将减少合作的风险；（2）市场方式，企业在自身具有核心竞争力的领域重点发展，对可以外包出去的业务委托给第三方，最终实现物流一体化；（3）联盟方式，是指企业自身不用通过投资新建来扩展业务，也不用将业务外包给不信任的第三方，而是可以通过与有关企业建立合作的方式，实现物流一体化水平，这样的合作更为紧密和可靠。

成品油物流横向一体化协同是指企业处于业务发展的需要，对相关市场或者同类市场的开拓。在成品油的物流一体化协同中，物流企业为了向客户提供综合性的全方位服务，在物流业务各相关业务领域进行的联合经营，即在成品油物流服务中运用第三方物流达到降低物流成本和提高物流效率的目的。进行横向一体化协同的优点主要是花费较低的费用和人力等，实现价值的快速增值，并且与企业间建立了密切的合作关系，能够快速扩大市场占有率，减少竞争对手。但是缺点是企业要承担一定的经营风险，在企业间进行协调难度较大。

（一）成品油横向一体化协同的必要性及主要模式

1. 成品油横向一体化协同的必要性

通过分析成品油销售企业横向一体化的发展现状，可以看出成品油销售企业既有发展前景又存在一系列挑战，如何抓住机会，迎接挑战，是成品油销售企业亟待解决的难题。

首先，成品油销售企业面临较大的经营风险。因为不同的运输方式会带来不同的运输费用，受地形影响和自然环境的限制，西部地区的运输成本普遍较高，主要使用公路运输进行成品油的配送，产生很大的设备损耗和折旧费用，从而导致成品油销售企业的运营风险增加。

其次，日益激烈的运输市场竞争增加了企业运力的过剩。目前市场上出现了很多的第三方物流公司，专门进行物流运输和配送，有很高的专业化程度，因此加剧了市场竞争。同时，成品油销售企业的省区单位也有各自的运输设施，为了使运输的效益最大，会使自身的运输设施得到充分的利用，在一定程度上导致了本企业的产能过剩。并且销售企业的物流运输环节属于管理比较薄弱的环节。

最后，缺乏物流管理的专业人才。我国物流产业的发展比较晚，导致没有构建统一的物流管理体系。而且，物流包含了包装、装卸、搬运、配送、存储等一系列环节，比较复杂，因此缺乏理论和实践经验。同时物流运输技术人员一般学历较低，对物流的整体运载率的计算均是根据自身的经验，无科学的依据，导致效率比较低。

2. 成品油物流横向一体化协同的主要模式

（1）投资新建。

投资新建是企业迅速得到资源的卓有成效的方式，主要是对企业没有的资源通过建设新的项目进行获取。投资新建可能存在以下风险：需要大量的建设资金，并且企业要承担很大的经营风险；在项目建设前期，要对项目进行大量的评估工作，且需要很多的筹备建设时间，建设的时间非常长；如果企业想要进行资源的快速占有，那么投资新建灵活性差，速度慢，将会使企业失去市场竞争的机会。

（2）并购自营。

并购自营是企业为获取自身缺乏的相关资源会对企业进行并购，扩大市场占有率。一般来说，企业会经常采取兼并其他企业的方式获取业务的增长，这样可使企业在很短的时间获得很大的收益，并且与其他模式对比来看，并购所花费的时间最短。并购自营主要有以下优点：第一，通过并购竞争对手来减少市场竞争，通过兼并企业可迅速占有市场，扩大市场份额，并且短期内企业内部的所有权结构不会发生很大的变化，比较稳定；第二，并购自营相比投资新建来说，项目所需的时间很短，通过并购可以引进相关技术人才，为企业的发展带来便利，使企业在不熟悉的业务中快速得到成长；第三，企业可用较低的成本对经营不善的公司进行兼并，不仅所占用的资金较少，而且可获得对公司的直接控制，降低合作的风险。因此，对于企业而言，兼并是企业横向一体化协同非常重要的手段。

（3）战略联盟。

战略联盟是企业间通过资源的互补，进行长期的协作，自身不用通过投资新建来扩展业务，也不用将业务外包给不信任的第三方，可以与有关企业建立合作的方式，实现物流一体化水平，这样的合作更为紧密和可靠。战略联盟可以是同一个行业间企业的合作，也可以是上下游有联系的企业进行协作，这种模式有如下优势：第一，企业通过签署长期的协议，实现资源的共享，通过企业间强强联手，更快速地占有市场、销售产品；第二，如果企业缺乏某种资源，通过战略联盟，可以实现资源的互补，比如企业在物流一体化的建设中缺乏相关人才，可以与合作伙伴协调，柔性引进相关物流人才；第三，战略联盟使企业抵御风险的能力增加，企业间可共同应对市场变化带来的风险。

（4）市场外包。

市场外包是成品油销售企业利用专业化的物流企业，将物流业务交给第三方公司来完成，通过给第三方物流公司支付相关的费用，实现成品油的运输和配送。第三方物流企业或第四方物流企业可依据成品油销售企业的需要，为其提供综合的、优质的服务。物流外包也存在一定的缺陷：第一，企业进行外包时要对第三方物流企业进行严格的评估，避免发生风险；第二，在物流运输的过程中，要对其进行实时管理和监督，因为油品的运输要求较高，出现事故的社会影响非常大，因此，要对物流企业有很高的要求；第三，将物流业务外包出去，那么企业会对物流的控制会非常薄弱，不能实现有效管理，不能确保服务的质量。

通过对四种横向一体化协同的方式的优劣分析可看出，战略联盟和市场外包均是借助于外力，实现相关业务的发展，避免了建设周期长、资金需求大等缺陷，能够在短时间内增加市场占有率，进入和退出市场的壁垒都较低，可随时退出市场。而投资新建和兼并，拥有了对资源的绝对控制权，减少外包或者联盟带来的风险，且节约交易成本，减少营业税等的支出，但是也有一定的缺陷：对市场需求的响应时间非常长。

3. 成品油横向一体化协同模式的选择

成品油是一种独特的运输产品，协同模式有两个重要的特性：第一，供应链各子系统之间充分协作，相互整合、相互联系，将所有相关环节整合到整个产品供应链物流中，通过为成品油消费者提供优质的服务而来降低运营成本，在市场激烈的竞争中占据主动地位；第二，物流的环节只是供应链的有机组成部分，通过各部分的融合，提高物流运输的效率。在成品油横向一体化协同中选择第三方物流企业(包括能够承担铁路、公路、船运及水路运输成品油的企业)应注意以下问题：

(1)提高物流协作的水平。影响成品油第三方物流企业协作水平的因素有两种：第一种是第三方物流企业所提供服务的质量水平，成品油销售核心竞争力的一个重要因素就是服务水平，在进行市场开拓的过程中，物流服务必须随时随地进行，如果第三方物流企业的服务水平低，会导致出现不能及时供货等问题。在实际的工作中，对第三方物流企业没有建立可测算的服务水平标准，尤其是成品油资源短缺的情况下，第三方物流企业服务水平的提升对成品油销售企业的发展至关重要。第二种是第三方物流企业的运输能否按准确的时间到达，如果第三方物流企业未将成品油按时送达加油站，就会出现供不应求的现象，会减少营业收入，而且顾客满意度也会下降。

(2)降低物流系统的总成本。依据物流协会的数据统计，我国的物流成本在总成本中的占比是百分之二十到百分之三十，而国外发达国家的物流成本远低于国内，占比为百分之八到百分之九。因此物流成本的控制对提高企业利润有着重大的意义。因而，在与第三方物流企业合作时，要进行充分的协调，建立运输模型，与第三方物流公司达成协议，按最优运输路线进行成品油的配送，这样才可以大幅度地降低运输成本。

(3)物流一体化的周期要适当进行缩短。物流一体化的周期指的是成品油从炼化企业油库送出，经由第三方物流企业的运输，最终到达加油站或用户的时间。在这个周期中，如果第三方物流企业的运输速度较快，就能缩短周期，不仅扩大市场份额，还能提高消费者的黏性。据 X 集团的调查，在物流一体化周期中，有 95% 的时间是花费在运输、等候以及库容调剂上面，仅有 5% 的时间是用来制订成品油配送方案等，因此在优化时，应着重考虑库存、运输等环节。

（二）成品油横向一体化协同存在的问题

与第三方物流企业合作时存在的问题即是成品油横向一体化协同存在的问题。第三方物流企业是专门提供物流服务的企业，对所运输的产品不具有所有权，也不对产品进行销售，目前第三方物流存在以下不足：

1. 第三方物流公司不重视信息化水平的发展

第三方物流企业因只提供运输服务，并没有在其企业内部建立完善的信息管理系统，导致成品油销售企业对油品的运输情况不能实现可视化的管理，降低企业的管理效率。如，铁路运输车辆较少使用定位系统，会导致运输进程不掌握；公路运输车辆绕道走弯路，会导致真实原因不清；管道分输时间掌握不准确，会导致分输库空容准备不足或混油量不清；水运需求与船期匹配不及时准确等，会导致运输效率降低，从而影响生产与销售的正常组织，增加炼化企业后路不畅、运输中断、成品油断供的风险。

2. 人员流动性大，专业管理人才缺乏

我国物流产业的发展比较晚，导致没有构建统一的物流管理体系。成品油第三方物流企业更多依靠大区销售公司的运行安排，缺乏系统、整体管理物流的思想，并缺乏物流管理的专业人才。对物流的整体运载率的计算均是根据自身的经验，无科学的依据，导致效率比较低。有的运输企业只注重业务的发展，对管理并不重视，那么在成品油的运输过程中，极容易产生安全风险等。

3. 管理水平薄弱

成品油第三方物流企业并不对运输工具的选择、运输路径的优化等作出决策，这些环节均要求大区销售企业自身来完成，这就大大增加了成品油销售企业的工作量。而且对管理重视程度不够，仅仅是执行销售企业下达的任务，这将难以满足现代物流发展的需求。

(三)成品油横向一体化协同综合评价

目前国内成品油第三方物流(Third Party Logistics Services,3PLs)中,铁路、管道仍处于垄断地位,仅公路、水路运输处于充分竞争阶段,但服务水平参差不齐,3PLs实际服务满意度较低。在面对形形色色的多家公路、水路3PLs商时,3PLs的评价选择问题显得尤为重要,想要实现企业的横向一体化协同,只有对3PLs服务商进行有效的评价和分析,才能正确评价3PLs服务商实际经营水平,选择合适的合作伙伴,保证整体产业链的顺畅和高效。

1. 评价指标体系

综合3PLs服务商提供的服务、职责及运营指标,结合3PLs服务商管理的实践,考虑X集团大区销售公司对3PLs服务商管理的实践,建立3PLs服务商的综合评价指标体系,如图7-4所示,决定成品油第三方物流企业的经营状况的主要因素为:客户服务能力、财务管理能力、企业运营能力以及安全管理能力,每项能力还包含多项具体评价因素,如表7-9所示。

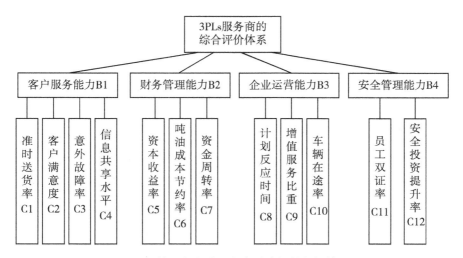

图7-4　第三方物流服务商综合评价指标体系

表 7-9　　　　　　　　　　　　　　　　指 标 定 义

指标	定　　　义	类型
准时送货率 C_1	1-发货送达加油站时间窗口的延误率	效益型指标
客户满意度 C2	油路配送各加油站满意度调查评价率	效益型指标
意外故障率 C3	车辆在途意外故障发生率	成本型指标
信息共享水平 C4	按照物流信息共享、沟通水平的定量评价，反映服务商与客户的信息沟通水平	效益型指标
资本收益率 C5	反映企业收益水平	效益型指标
吨油成本节约率 C6	社会 3PLs 服务商吨油定价较集团内部吨油运价的节约程度，反映运费成本节约水平	效益型指标
资金周转率 C7	反映企业财务健康程度	效益型指标
计划反应时间 C8	衡量 3PLs 服务商对运输计划的反应时间，时间为小时	效益型指标
增值服务比重 C9	3PLs 服务商为企业提供的增值服务	效益型指标
车辆在途率 C10	反映车辆使用效率指标，人停车不停，车辆在途率越高车辆使用效率越高	效益型指标
员工双证率 C11	反映 3PLs 服务商的一线员工储运安全证、计量证双证持证率	效益型指标
安全投资提升率 C12	反映 3PLs 服务商对安全教育、安全设备投资增长率	成本型指标

2. 评价体系权重指标确定

为更加真实利用评价指标体系对 3PLs 服务商进行评价，还需要对各评价指标对整体评价结果的重要程度进行确定，即确定综合评价体系指标的权重。本书利用层次分析法（AHP）对综合评价体系指标的权重进行测算，测算方法较为直观，具有较强的操作性和实用性。层次分析法（AHP）是美国运筹学家 T. L. saaty 提出的层次分析法是定性和定量相结合的层次化、系统性多目标决策分析方法，广泛应用在评价、规划、决策等领域。本书为更加真实，利用评价指标体系对第三方物流服务商进行评价，利用层次分析法对综合评价体系指标的权重进行测算，测算方法较为直观，具有较强的操作性和实用性。具体算法如下：

(1)建立递阶层次结构。

将 3PLs 服务商的综合评价指标体系划分为目标层(综合评价体系权重)、准则层(客户服务能力、财务管理能力、企业运营能力以及安全管理能力)和方案层(各评价指标)。

(2)构造两两比较判断矩阵。

按照划分的层次分析模型对各指标之间进行两两对比之后，然后按 9 分位比率排定各评价指标的相对优劣顺序，依次构造出评价指标的判断矩阵。

(3)针对某一个标准，计算各备选元素的权重，并进行一致性检查。

①第一递阶层次：A—$B_1B_2B_3B_4$

$$判断矩阵 = \begin{bmatrix} 1 & 2 & 1 & 5 \\ 1/2 & 1 & 1/2 & 3 \\ 1 & 2 & 1 & 4 \\ 1/5 & 1/3 & 1/4 & 1 \end{bmatrix} 权重向量 = (0.374，0.196，0.354，0.076)$$

②第二递阶层次：B_1—$C_1C_2C_3C_4$

$$判断矩阵 = \begin{bmatrix} 1 & 1 & 1 & 4 \\ 1 & 1 & 2 & 3 \\ 1 & 1/2 & 1 & 2 \\ 1/4 & 1/3 & 1/2 & 1 \end{bmatrix} 权重向量 = (0.319，0.353，0.226，0.102)$$

第二递阶层次：B_2—$C_5C_6C_7$

$$判断矩阵 = \begin{bmatrix} 1 & 2 & 2 \\ 1/2 & 1 & 1 \\ 1/2 & 1 & 1 \end{bmatrix} 权重向量 = (0.5，0.25，0.25)$$

第二递阶层次：B_3—$C_8C_9C_{10}$

$$判断矩阵 = \begin{bmatrix} 1 & 2 & 3 \\ 1/2 & 1 & 2 \\ 1/3 & 1/2 & 1 \end{bmatrix} 权重向量 = (0.540，0.297，0.163)$$

第二递阶层次：B_4——$C_{11}C_{12}$

$$判断矩阵 = \begin{bmatrix} 1 & 1 \\ 1 & 1 \end{bmatrix} \quad 权重向量 = (0.5, 0.5)$$

由上述一、二递阶层次的权重向量计算得到各评价指标的综合权重如下：

评价指标权重 $W = (C_1, C_2, C_3, C_4, C_5, C_6, C_7, C_8, C_9, C_{10}, C_{11}, C_{12})$

$= (0.12, \quad 0.13, \quad 0.08, \quad 0.04, \quad 0.1, \quad 0.05, \quad 0.05, \quad 0.19, \quad 0.1,$
$0.06, \quad 0.04, \quad 0.04)$

3. 利用逼近理想排序法对 3PLs 服务商评价排序算法

逼近理想解法是借助多属性问题的理想解和负理想解给方案集中的各方案排序，在所有候选方案中通过计算可得到一个虚拟的最佳方案和一个虚拟的最差方案，称之为理想解与负理想解。然后求出方案集中的各项备选方案与理想解和负理想解的欧式距离，并进行比较，即靠近理想解又远离负理想解的方案就是方案集中的最佳方案。

逼近理想解法的具体步骤如下：

步骤1：用向量规范化计算规范化决策矩阵，设多属性向量决策矩阵 $Y = \{y_{ij}\}$，规范化后的决策矩阵 $Z = \{z_{ij}\}$，则

$$z_{ij} = y_{ij} \bigg/ \sqrt{\sum_{i=1}^{m} y_{ij}^2} \quad i = 1, 2\cdots, m; \ j = 1, 2, \cdots, n \tag{7-5}$$

步骤2：利用层次分析法计算评价指标权重向量 W，构建加权规范阵 $X = \{x_{ij}\}$，其中：

$$x_{ij} = w_j * z_{ij}, \quad i = 1, 2\cdots, m; \ j = 1, 2, \cdots, n \tag{7-6}$$

步骤3：确定理想解 x^+ 和负理想解 x^-。设理想解 x^+ 的第 j 个属性值为 x_j^+，负理想解 x^- 的第 j 个属性值为 x_j^-，则：

$$理想解 \quad x^+ = \begin{cases} \max_i x_{ij} & j \text{ 为效益型属性} \\ \min_i x_{ij} & j \text{ 为成本型属性} \end{cases} \quad j = 1, 2, \cdots, n \tag{7-7}$$

$$负理想解 \quad x^- = \begin{cases} \max_i x_{ij} & j \text{ 为成本型属性} \\ \min_i x_{ij} & j \text{ 为效益型属性} \end{cases} \quad j = 1, 2, \cdots, n \tag{7-8}$$

步骤4：计算各方案到理想解与负理想解的欧式距离，并得出最终的综合评价指数。

备选方案 x_i 到理想解的距离为：

$$d_i^+ = \sqrt{\sum_{j=1}^{n} (x_{ij} - x_j^+)^2} \quad i = 1, 2, \cdots, m \qquad 公式(7\text{-}9)$$

备选方案 x_i 到理想解的距离为：

$$d_i^- = \sqrt{\sum_{j=1}^{n} (x_{ij} - x_j^-)^2} \quad i = 1, 2, \cdots, m \qquad 公式(7\text{-}10)$$

各方案的综合评价指数为：

$$C_i = d_i^- / (d_i^+ + d_i^-) \quad i = 1, 2, \cdots, m \qquad 公式(7\text{-}11)$$

4. 实例研究

按照3PLs服务商评价的要求，选择5个候选的3PLs服务商，通过表7-10中各个评价指标的数值，可以对这5个企业的经营状况有初步的了解，进一步利用逼近理想解法测算最有决策价值数据。

表 7-10　　　　　　　　**各备选 3PLs 服务商的评价指标值**

物流企业	C_1/%	C_2/%	C_3/%	C_4	C_5/%	C_6/%	C_7/%	C_8	C_9	C_{10}/%	C_{11}/%	C_{12}/%
1	93.73	94.08	0.9	8	16.1	8.2	400	3	0.78	11.3	67	21.2
2	94.11	94.25	1	8	18	13.1	470	4	0.81	8	70	33
3	98.01	97.7	1.5	7	16.3	7.4	390	2	0.74	7.2	54	27
4	91.97	90.78	0.5	9	20	10.2	510	5	0.77	9	65	20.8
5	92.46	88.84	5	6	17	7.9	430	5	0.7	18	60	24.1

（1）求规范化决策矩阵。

$$Z = \begin{bmatrix}
0.446 & 0.452 & 0.166 & 0.467 & 0.411 & 0.382 & 0.405 & 0.338 & 0.458 & 0.444 & 0.472 & 0.370 \\
0.447 & 0.452 & 0.185 & 0.467 & 0.459 & 0.611 & 0.475 & 0.45 & 0.476 & 0.314 & 0.493 & 0.576 \\
0.466 & 0.469 & 0.277 & 0.408 & 0.415 & 0.345 & 0.394 & 0.225 & 0.435 & 0.283 & 0.381 & 0.471 \\
0.437 & 0.436 & 0.092 & 0.525 & 0.51 & 0.476 & 0.516 & 0.563 & 0.453 & 0.353 & 0.458 & 0.363 \\
0.44 & 0.426 & 0.924 & 0.35 & 0.434 & 0.368 & 0.435 & 0.563 & 0.411 & 0.707 & 0.423 & 0.421
\end{bmatrix}$$

（2）利用 W 权值构建加权规范阵。

$$X = \begin{bmatrix} 0.053 & 0.058 & 0.013 & 0.018 & 0.041 & 0.019 & 0.020 & 0.064 & 0.045 & 0.026 & 0.018 & 0.014 \\ 0.053 & 0.058 & 0.014 & 0.018 & 0.045 & 0.030 & 0.023 & 0.085 & 0.047 & 0.018 & 0.019 & 0.023 \\ 0.055 & 0.061 & 0.022 & 0.016 & 0.041 & 0.017 & 0.019 & 0.042 & 0.043 & 0.017 & 0.015 & 0.018 \\ 0.052 & 0.056 & 0.007 & 0.021 & 0.051 & 0.023 & 0.025 & 0.106 & 0.045 & 0.021 & 0.018 & 0.014 \\ 0.052 & 0.055 & 0.073 & 0.014 & 0.043 & 0.018 & 0.021 & 0.106 & 0.041 & 0.042 & 0.016 & 0.016 \end{bmatrix}$$

（3）确定理想解与负理想解。

$x^+ = $ （ 0.055， 0.061， 0.007， 0.021， 0.051， 0.030， 0.025， 0.042， 0.047， 0.042， 0.019， 0.023）

$x^- = $ （ 0.052， 0.055， 0.073， 0.014， 0.041， 0.017， 0.019， 0.106， 0.041， 0.017， 0.015， 0.014）

（4）计算各方案到理想解与负理想解的欧式距离和综合评价指数。

表 7-11 为各服务商的综合评价指数，由表 7-11 中可以看出企业 3 的综合评价指标最高，在综合考虑指标体系的情况下，应选择企业 3 为 3PLs 服务商合作伙伴。

表 7-11　　　各方案到理想解与负理想解的欧式距离和综合评价指数

第三方物流企业	d+	d-	C
1	0.0330	0.0753	0.6954
2	0.0498	0.0659	0.5696
3	0.0353	0.0828	0.7014
4	0.0686	0.0685	0.4996
5	0.0945	0.0258	0.2146

（四）成品油横向一体化优化

1. 成品油横向一体化优化原则

（1）坚持"分步实施，统筹兼顾"的原则，在成品油横向一体化优化中，要从整体出发，用全局的观念对第三方物流企业进行管理。

（2）坚持"兼顾公平、效率优先"的原则，在人才的培养方面，制定合理的薪酬制度和激励机制，柔性引进专业物流人才，调动员工的积极性。

（3）坚持"职责清晰、协调一致"的原则，对运输任务的分配要与第三方物流企业协调一致，划分各自的职责，应该完成什么任务。

（4）坚持"科学化、专业化、扁平化、规范化"的原则，对冗余的管理机构进行缩减，科学地制订运输的计划，在执行时要依据规范来完成运输目标。

2. 成品油横向一体化优化措施

（1）优化一体化运作计划。

在现在成品油的物流管理中，每天每个加油站将统计出来的成品油库存和成品油需求发送给分公司的物流管理部门，物流管理部分核实需求后，再上报给省区管理公司，然后省区销售公司依据需求表，联系第三方物流企业将成品油在指定时间送达加油站。这样的横向一体化运作是单向沟通，仅仅是相互联系的上下游之间进行信息的反馈，因此，要对横向一体化运作计划进行进一步的优化。第一，让第三方物流企业参与制定最优的运输路线和出现突发情况的应急措施等，使物流企业处于主动的地位，而不仅仅是被动地接受销售企业的配送任务。第二，减少管理的部门，加油站可直接通过 ERP 系统向油库中心发送订货要求，不进行二次的审核，缩短订货时间。

（2）建立高效而有权威的物流中心。

目前，省区销售公司的物流管理是首先由各个地市级的分公司的物流管理部门将二次物流运输和配送的最佳方案制订好后，发送给省区公司的物流中心，由其对方案进行对比，若没有问题，就可反馈给地市级的分公司，让其执行此计划，但是因为气候等的变化，分公司会对物流配送计划进行调整，而提交给物流中心的时间过短，不能进行方案的调整，会使成品油的供应出现一系列问题。

为了解决出现的问题就需要省区销售公司的物流中心统一对配送方案进行管理，因此建立高效物流中心是发展趋势。物流中心将整合地市级分公司的运输方案和配送计划，分公司的物流管理部门只用执行计划即可，这样就减少了二次反馈的时间，提高了整个系统的运行速度，达到一级管理的目标。

（3）加强第三方物流合作与管理。

一是建立专业化的管理组织，成品油第三方物流公司管理能力的提升决定了成品油销售企业的经济效益，因此在省区公司专门建立一个管理组织，对第三方物流企业进行评估和选择，建立符合条件的第三方物流企业名录，同时对第三方物流企业进行培训，提高其运输水平。

二是在下达运输任务时，要与第三方物流企业进行有效的沟通，明确成品油需到达的时间等，在沟通的过程中，成品油销售企业与第三方物流企业会相互更加了解，第三方物流公司就会更加明白销售企业的需求。在成品油运输到达指定地点后，要对省区公司的物流中心进行信息的反馈。

三是不定期地考察第三方物流企业，检查其车辆的检修状况、运输速度低等问题，若出现以上问题，就要对第三方物流企业进行重新评估和整改。

第八章 保 障 措 施

一、管理保障措施

管理保障措施以优化组织结构、提升管控能力为目标，通过理顺管理界面，来提高工作效率和管理水平。

第一，组织架构上面，可以借鉴国际上大型的石油集团，如 BP 公司的矩阵式组织架构，打造以专业为主线、地区相结合的矩阵式供应链组织管理模式，坚持"大物流"的思想，在区域内进行纵向和横向的整合，持续实行大销售、大物流、大生产的观念，避免不同区域的无序竞争。

第二，物流一体化建设的支持与协调。首先，公司的高层管理者要高度重视物流一体化协同的建设，发布一系列的支持文件，积极推进物流一体化网络体系的构建；其次，技术人员要掌握相关的数据和技术，不断对系统进行协调，明确该系统的功能定位；最后，对公司基层员工进行培训，使主要的骨干人员积极参与其中，熟练运用此系统，并在实际的工作中，将此系统用于日常的工作中。

第三，对业务实行可视化管理。建立统一的区域物流调度中心，并通过信息技术实现业务的可视化管理，可提高管理效率。在物流运输和配送中，对成品油的运输状态和运输路线实现可视化管理，实时掌握物流的动态。

第四，实现供应链一体化协调运作。炼化企业根据下游销售公司的需求预测，组织生产，通过内部价格机制畅通上下游企业的风险共担与利益共享，从而及时调整生产负荷及产品结构，降低库存，实现上下游的有效协作。

二、信息化保障措施

综合物流企业的信息化应用不再局限于物流业务操作信息化，更需要集"调度""管理""决策"于一体的物流企业综合信息化解决方案。

第一，构建成品油销售物流云服务，实现高效整合、调度资源，在应用中以"现代物流平台"为载体，实现"业务数据化"，打造"运作科学、过程可控、响应及时、信息共享、服务精准、协同高效"的现代物流云平台。

第二，探索成品油销售"协同共享"的创新管理体制，重点在管理理念，组织业务结构和人力资源培育上与现代物流体系相接轨，实现企业核心竞争力系统提升。

第三，在物流云平台、协同共享的基础上，充分挖掘消费者需求、行业变化状况等大数据，最终实现行业洞察、调度优化、销售预测、数据共享等重要的功能。①行业洞察就是为掌握物流市场的波动，运用大数据、云计算、人工智能，挖掘出物流行业的变化情况，企业及时对行业的改变作出应对措施，为企业利润的增加提供预测。②调度优化就是依据未来消费者的需求，结合过去的销售、运输、仓储等数据，利用信息技术对成品油的调度进行优化，使成品油的运输、配送距离最短，运输时间最少，达到最优的运输方案。③销售预测就是依据市场的波动以及消费者的需求数据，深化数据应用与分析，构建消费者预测模型，对消费者需求的趋势加以测算，掌握消费者需求的变化情况，及时调整库存等。④数据共享就是建立物流信息网络，实现各个主体单位之间信息的共享，避免单个企业形成信息孤岛，网络体系的构建会使主体单位间信息统计的口径一致，提高职能部门工作的效率。

第四，目前物联网已成为物流行业发展的必然趋势，将物联网技术运用于物流行业，实现人与物品的互联互通，不仅能增加消费者的体验，增加用户的黏性，而且可以为消费者节省时间。因此，基于物联网进行成品油的一体化建设同样非常重要，是奠定现代物流发展的基石。

三、人力资源保障措施

第一，分析培训需求，制订培训计划。根据成品油销售企业员工类别，对基层、中层和高层管理人员进行有针对性的培训，在物流一体化协同的实施过程中，对可能会出现的问题，确保在培训中进行详细的阐述，使员工充分意识到物流一体化协同的重要性。

第二，柔性引进物流专业技术人才。根据成品油销售企业业务的发展，在物流一体化协同的发展中缺乏物流专业技术人才，因此对专业化的物流管理人才进行柔性引进，对物流系统进行全局、整体的管理。

第三，构建双向激励考核机制。对成品油销售企业不同职能部门的绩效考核评分标准设置难度系数。根据指标完成的难易程度不同，将指标分为挑战性指标、理想指标和门槛指标三类，并在绩效考核方面，正向激励与负向激励双管齐下，将销售不达标等与负向惩罚机制挂钩。

第四，设置差异化的薪酬体系。在保持薪酬水平具有吸引力的基础上，适当提高固定工资的比例，对技术人员实行一专多能的薪酬体系，对中高层管理人员和技术核心骨干实行股权激励，对作业层人员积极实行弹性福利制度。打破"平均主义"，设置具有差异性的年金计划。

四、成本管控保障措施

成品油销售的成本管控主要从以下四个方面进行分析：

第一，运输成本的管控。在内陆地区，成品油管道运输明显优于其他运输方式，它可以避免因气候变化而产生的影响，能够依据消费者对成品油的需要随时调整供给，实现供需平衡。管道运输可以沿辐射区域和路线直接向市场供应原油，有利于实现产、炼、销一体化。此外，它还具有环境污染少、运行成本低、油耗低的优点。因此要控制运输成本，在运输方式的选择上尽可能地利用管道运输，形成管道运输为主，铁路运输和水路运输为辅，公路运输作为补充的物流运输体系。

第二,库存成本的管控。成品油销售企业对油品进行仓储不仅要满足消费者的需求,还要追求利润最大化,因此要依据构建的 CLPI 模型,对库存进行合理的控制,平衡库存量少导致油价波动和库存量大增加库存成本的问题。

第三,配送成本的管控。打破成品油配送的行政区划,依据成品油的需求量、油库的位置等信息,科学合理地建立配送网络体系,在此基础上,规划最优的运输线路,减少二次配送的比重;对配送车辆的配送效率进行优化,减少配送过程中迂回运输和空载率,并且增加容量较大的运输设备。

五、风险管控保障措施

1. 可能的风险

(1)火灾爆炸风险。

成品油属于易燃易爆液体,在运输和存贮中极易发生火灾爆炸,并且难以进行控制,会对周围居民的安全等产生威胁。

(2)油气泄漏风险。

成品油销售中可能会出现油气泄露的情形有:输油管道发生开裂,造成油气泄露;在公路运输中油罐车发生漏油的情况;在成品油装卸环节发生油气泄漏。成品油是易挥发和有毒液体,如果发生油气泄漏会对破坏生态环境,威胁人身安全。

(3)环境污染风险。

成品油泄漏后,污染物会进入土壤中,污染附近的地下水,如果接近居民区,而居民的水源为地下水,会对居民的身体健康造成威胁。

(4)质量风险。

成品油在加工的过程中质量不达标,或者在库存的过程中未做好安全措施,使得油品的质量下降,损害消费者的车辆等。

(5)供给风险。

成品油的储存有着非常苛刻的要求,因此如果库存不足或运输延迟,会造成成品油的供不应求，阻碍经济的发展。

2. 风险规避

第一，对风险进行重点防范。依据成品油销售中可能会发生的风险，突出风险防控的重点和难点，对重点领域和重要业务的风险进行分类管控；建立风险评估机制，对风险不仅要进行事后监督，还要加强对事前和事中监督的执行力度；将公司的利润与风险进行挂钩管理。

第二，强化责任落实。在成品油的运输和库存环节，让相关人员签订《安全环保责任书》，严格落实成品油事故的责任，并对违反规范制度的员工进行追责；不定期地对员工的安全意识进行抽查，严厉惩治失职渎职人员。

第三，加强基层 HSE，即环境、安全、健康的管理。以提高员工素质为目标，以基层基础设施建设为重点，以风险管控为核心，对安全环保形势严峻、基础工作薄弱的部门进行 HSE 专项诊断评价。严格执行危险化学品运输标准化作业，组织全员开展安全环保绩效考核，对不合格人员解除劳动合同或调整岗位。

第四，不断提高应急管理水平。进一步明确各级应急责任，健全快速反应救援机制，规范应急预案编制程序。充分利用地方政府和社会应急救援资源，建立严格的应急机制，提高应急能力。加强现场应急响应能力培训，定期开展应急演练，切实提高驾驶员第一时间应对突发事件的能力。

第九章　基本结论与展望

一、基本结论

随着我国经济的持续增长，石油消费量一直在稳步提升。而全球经济发展使石油市场的竞争日益激烈，成品油销售企业迫切需要谋求更加科学的管理方式、更加高效低成本的运营模式来增加竞争力。在我国，虽然土地幅员辽阔，但是石油开采和加工呈现区域集中的情况，主要集中区域在东北部，中西部的石油开采和深加工都为辅助梯次，因此，石油采购和销售面临的是跨区域的竞争，而物流效率必然影响竞争优势的体现。物流一体化协同的发展，正好契合了现代物流发展目标的要求，将网络化、实时化、自动化、智能化融入物流管理中，对成品油销售企业降低物流成本、提高企业竞争力提供有利条件。在此背景下，成品油销售企业特殊的物流属性以及对物流链协同的迫切需求，使得物流一体化成为其整合物流资源，实现可持续发展的必然选择。

第一，从我国成品油整体物流一体化协同来看，根据成品油销售企业物流协同一体化管理的问题及物联网四层架构，本书构建基于协同效应的物流一体化协同模型，将一体化协同分为信息协同、技术协同、管理协同和服务协同四个层面，运用序参量方程分析发现，信息协同在系统中起到主导力量，是整体系统的序参量。因此，成品油销售企业的现代物流系统在构建和后期的改进过程当中，应该着重考虑信息协同进行推进。

第二，从成品油物流内部一体化协同来看，根据成品油物流系统的功能，可将成品油物流内部一体化协同系统划分为成品油运输子系统、库存子系统、配送子系统和物流信息子系统，并对四个子系统进行优化。对运输子系统的优化通过发现运输中的问题，构建出成品油的运输体系，对其路径进行优化；对库存子系统的优化，重点探索了成品油销售企业基于数据驱动的一体化库存控制优化，探讨了油库流量预测模型、CLIP 集成模型以及 XBAR 数据控制线在库存一体化管控中的应用；对配送子系统的优化从配送方式、配送组织、配送信息和油库布局四个层面进行了优化；信息系统优化主要基于物联网技术，提出构建物流信息系统的策略，对物流子信息系统进行了进一步优化。

第三，从成品油物流纵向一体化协同分析，本书研究了成品油纵向一体化协同问题。首先，运用 VAS 增加值法对成品油纵向一体化程度进行测算，VAS 增加值法结果表明国内大型国有石油石化企业成品油销售企业纵向一体化程度是下降的。其次，运用 P-R-M 原油生产环节法对纵向一体化程度进行测算，研究结果表明大型国有石油石化成品油销售企业基本实现了炼销一体化，但产炼一体化程度是逐年下降的，需进一步进行调整。

第四，从成品油物流横向一体化协同分析，成品油横向一体化协同即在物流领域与第三方物流企业合作，达成战略联盟，本书从客户服务能力、财务管理能力、企业运营能力以及安全管理能力四个维度建立评价指标体系，采用层次分析法对第三方物流商进行了评价，并利用逼近理想排序法对第三方物流服务商评价进行算法排序，确定在实际的工作中应选择的第三方物流商。

本书在实证研究的基础上，从管理保障、信息化保障、人力资源保障、成本管控保障和风险管控保障五方面提出实施成品油销售企业物流一体化协同的保障措施。

二、研究展望

本书对成品油销售企业物流一体化协同问题有较系统的研究，其中部分内容是对自身实际工作的经验总结，但局限于时间、能力和研究范畴，书中还存在些许不足，未来将在以下方面做出完善和进一步的探索：

（1）研究从协同角度研究了成品油销售企业物流一体化，但本书主要集中于分析与验证物流一体化的结果与作用，对物流一体化整体实施的效果没有进行系统评价，这可在后续研究中着重分析。

（2）本书仅从物流内部一体化协同和物流外部一体化协同的问题展开了优化研究，没有分析成品油销售企业物流一体化协同的影响因素，建立成品油销售企业物流一体化协同度评价指标体系，构建一体化协同评价模型。

（3）后续还可就成品油物流内部一体化体系中各个子系统的整合进行深入挖掘，剖析其内在的作用机制和演化方式，探索提升物流一体化系统整体效能。

（4）还可对库存管控模型进行优化，本研究中的 CLPI 模型只针对汽油这一单一产品进行了量化分析，后续研究中可加入柴油、煤油进行综合分析，同时鉴于库存模型的分析往往具有较复杂的假设条件，未来考虑利用系统仿真技术，对模型中的不确定性因素进行深入分析，同时对算法进行持续改进和完善。

参 考 文 献

[1]尹国君，王耀中，彭建辉．我国现代物流业集聚发展对策研究[J]．经济纵横，2016(11)：48-51.

[2]宋琪，王宝海．基于 VAR 模型的物流业增加值与经济增长的实证分析[J]．统计与决策，2016(1)：142-146.

[3]郝丽莎，赵媛．中国石油资源利用的区域经济效应差异分析[J]．自然资源学报，2016(2)：187-201.

[4]樊一江，谢雨蓉，汪鸣．我国多式联运系统建设的思路与任务[J]．宏观经济研究，2017(7)：158-165.

[5]王文举，何明珂．改革开放以来中国物流业发展轨迹、阶段特征及未来展望[J]．改革，2017(11)：23-34.

[6]陈建中．全面提升流通现代化水平的积极探索 [J]．中国流通经济，2013，27(11)：11-13.

[7]张军杰，杨铸．我国物联网产业发展状况、影响因素及对策研究[J]．科技管理研究，2011，31(13)：26-29.

[8]任颖洁．基于物联网技术的制造业与物流业联动发展——以陕南为例[J]．社会科学家，2017(9)：81-86.

[9]邸丛颖，田立新．成品油供应链优化模型研究[J]．统计与决策，2007(17)：56-57.

[10]刘琼，杨建华．成品油物流体系优化的系统动力学思考[J]．中国管理信息化，2016，19(7)：167-171.

[11] 戴厚良. 把握技术发展趋势 加快两化深度融合[J]. 当代石油石化, 2014, 22(8): 1-7.

[12] 依绍华. 关于我国物流业发展若干问题的思考——对当前降低物流成本减轻企业负担的几点建议[J]. 价格理论与实践, 2016(9): 29-31.

[13] Prajogo D I. Supply chain processes: linking supply logistics integration, supply performance, lean processes and competitive performance [J]. International Journal of Operations & Production Management, 2016, 36(2): 220-238.

[14] Khan S A R, Dong Q L, Yu Z. Study of Logistics and Manufacturing Industry Integration from the Perspective of Pakistan [J]. International Journal of Engineering Research in Africa, 2016, 24: 172-180.

[15] Huo B, Wang Q, Zhao X, et al. Barriers to third-party logistics integration: Empiricalevidence from China [J]. Industrial Management & Data Systems, 2017, 117(8): 1738-1760.

[16] Wu Z D, Han X Y, University S N. Evaluation on the Developing Level of the Urban-Rural Logistics Integration Based on Factor Analysis Method: Liaoning Province As anExample[J]. Jiangsu Commercial Forum, 2017.

[17] Cutrim S S, Robles L T, Galvao C B, et al. Domestic short sea shipping services in Brazil: competition by enhancing logistics integration [J]. International Journal of Shipping & Transport Logistics, 2017, 9(3): 280.

[18] Beti G, Robert V, Radosavljević M. Consequences of Integration Proceses in Europe: Sector of Logistics Services[J]. Economic Themes, 2017, 55(1): 71-87.

[19] Jaradat R, Adams F, Abutabenjeh S, et al. The Complementary Perspective of System of Systems in Collaboration, Integration, and Logistics: A Value-Chain Based Paradigm of Supply Chain Management[J]. 2017, 5(4): 50.

[20] Mandal S, Bhattacharya S, Korasiga V R, et al. The dominant influence of logistics capabilities on integration: empirical evidence from supply chain

resilience［J］. International Journal of Disaster Resilience in the Built Environment，2017，8(1)：2-9.

［21］Mitton N. , Simplot-Ryll D. From the Internet of Things to the Internet of the Physical World［J］. Compets Rendus Physique, 2016, 12(7)：669-674.

［22］Mondragon A E C, Lalwani C S, Mondragon E S C, et al. Facilitating multimodal logistics and enabling information systems connectivity through wireless vehicular networks［J］. International Journal of Production Economics, 2013, 122(122)：229-240.

［23］Ramani K. V. , Yap R. , Francis, Pavri, Information technology enables business process reengineering at YCH Distripark (Singapore)［J］, Journal of Strategic Information Systems, 2010, 4(1)：97-109.

［24］Bendavid Y. , Lefebvre E. , Lefebvre L. A. , Wamba S. R, Key Performance Indicators for the Evaluation of RFID Enabled B2B e-Commerce Applications：the Case of a Five- layer Supply Chain［J］. Inf Syst E-Bus Manage, 2011, (5)：163-181.

［25］Bernhard J. Angerhofer, Marios C. Angelides. A model and a performance measurement system for collaborative supply chains. Decision Support Systems, 2006(42)：283-301.

［26］Kenneth J Petersen, Gary L Ragatz, Robert M Monczka. An Examination of Collaborative Planning Effectiveness and Supply Chain Performance. Journal of Supply Chain Management. 2005, 41(2)：14-25.

［27］Atzori L, Iera A, Morabito G. The Internet of Things：Asurvey［J］. Computer Networks, 2010, 54(15)：2787-2805.

［28］Tu M, Ming L, Ming K. Lim, Yang M F. , IoT-based production logistics and supply chain system-Part 1：Modeling IoT-based manufacturing supply chain［J］. Industrial Management & Data Systems, 2017, Vol. 118 Issue：1, pp. 65-95.

［29］刘鹏程，陈榕. 面向云计算的虚拟机动态迁移框架［J］. 计算机工程，

2014，36（5）：37-39.

[30]梁睿．物联网技术在危险品供应链中的应用[D]．北京交通大学，2014.

[31]林闯．物联网关键理论与技术专题前言[J]．计算机学报，2011（5）：761-762.

[32]唐亮．我国物联网产业发展现状与产业链分析[D]．北京邮电大学，2010.

[33]黄迪．物联网的应用和发展研究[D]．北京邮电大学，2011.

[34]张航．面向物联网的 RFID 技术研究[D]．东华大学，2011.

[35]晏国生，刘君．基于物联网的河北果蔬产业全程监测与控制信息服务平台研究[J]．农业系统科学与综合研究，2011，27（3）：8-13.

[36]张丽，余华，马新明．基于物联网的农产品质量安全信息系统平台[J]．中国科学，2010，40：216-225.

[37]汪娅．我国物流一体化进程中 3PL 和 4PL 的角色扮演[J]．物流科技，2013（3）：98-100.

[38]王蓓．现代企业物流一体化运作模式研究[J]．物流技术，2013（32）：58-60.

[39]贾平，孟凡芹．物流一体化服务：组织与运行[J]．物流技术，2013（32）：44-47

[40]赵俊卿．企业物流一体化建设研究[J]．现代经济信息，2013（3）：54.

[41]蔡晓莹．供应链一体化对物流管理产生的影响[J]．中国商贸，2012（6）：162-163.

[42]占维．供应链一体化下的企业物流管理[J]．商场现代化，2014（17）：61.

[43]李蓬实，曹牧，傅亮．浅析国外企业供应链管理实践[J]．物流技术，2012（5）：107-109.

[44]王于猛．分销商商贸与物流一体化模式构建的探讨[J]．中国商贸，2013（32）：164-166.

[45]叶志勇．烟草商业物流一体化管控平台的研究与探索[J]．计算机系统应用，2013（22）：58-61.

[46]李瀑．电子商务与物流一体化模式的探讨[J]．中国商贸，2014（13）：

151-152.

[47]李毅斌，董千里，孙浩杰．基于流程管理的物流服务供应链运作协同研究
　　[J]．物流技术，2012(9)：174-177.

[48]陈敬华．石油商品仓储物流管控一体化的建设[J]．科技传播，2012(7)：
　　30-31.

[49]石晶，刘晓馨，段敏．GISIGPS 技术在物流园区信息平台中应用研究[J]．
　　交通企业管理，2010，(6)；32-33.

[50]刘晓馨，石晶，刘巍等．基于 3G 技术的物流园区信息平台的研究[J]．
　　辽宁工业大学学报，2010，27(1)：23-28.

[51]荆勇．物联网在商贸物流园区的应用研究[J]．中国物流与采购，2014，
　　(14)：70-71.

[52]李蜀湘，张拥华．SaaS 模式下物流园区公共信息平台的构建[J]．商业经
　　济研究，2010(24)：29-30.

[53]李希成，林云．基于区域经济的协同物流系统研究[J]．中国储运，2007
　　(01)：119-120.

[54]徐青青，缪立新，李家齐．区域物流及协同化趋势[J]．中国物流与采购，
　　2006(07)：68-70.

[55]黎杰，张伟．中小制造企业协同物流问题的研究[J]．黑龙江对外经贸，
　　2006(08)：56+70.

[56]杨浩雄，何明珂．基于物流信息共享的供应链物流中节点企业协同行为
　　的激励机制研究[J]．北京工商大学学报(社会科学版)，2006(01)：22-
　　26+37.

[57]宁方华，陈子辰，熊励．熵理论在物流协同中的应用研究[J]．浙江大学
　　学报(工学版)，2006(10)：1705-1708，1782.

[58]MIT Auto-ID Lab．The MIT Auto-IDLab[EB/OL]．http：//autoid. mit. edu/.

[59]Union, I. T. ITU Internet Reports 2005：The Internet of Things(7th edition)
　　[M]．Geneva：2005.

[60]Vermesan, O. , Friess, P. , Guillemin, P. , Gusmeroli, S. , Sundmaeker,

H. , Bassi, A. , Jubert, I. S. , Mazura, M. , Harrison, M. , Eisenhauer, M. Internet of Things Strategic Research Roadmap[J]. Information Security and Technology, 2009, 29(16): 300-304.

[61]中华人民共和国国务院新闻办公室. 2016 年国务院政府工作报告[EB/ OL]. http: //www. gov. cn/test/2006-02/16/content_201719. htm.

[62]Union, I. T. ITU Internet Reports 2005: The Internet of Things(7th edition) [M]. Geneva: 2005.

[63]Gubbi, J. , Buyya, R. , Marusic, S. , Palaniswami, M. Internet of Things (IoT): A vision, architectural elements, and future directions[J]. Future Generation Computer Systems, 2013, 29(7): 1645-1660.

[64]Farooq, M. U. , Waseem, M. , Mazhar, S. , Khairi, A. , Kamal, T. A Review on Internet of Things (IoT) [J]. International Journal of Computer Applications, 2015, 113(1): 1-7.

[65]Trappey, A. J. C. , Trappey, C. V. , Fan, C. Y. , Hsu, A. P. T. , Li, X. K. , Lee, I. J. Y. IoT patent roadmap for smart logistic service provision in the context of Industry 4. 0[J]. Journal-Chinese Institute of Engineers, 2017, (1): 1-10.

[66]Lee, J. , Bagheri, B. Trends of Big Data Analytics and Cyber-Physical Systems in Industrial 4. 0 Systems [C]. in the 5th international conference on mechanical engineering and mechanics. 2014.

[67]Yan, J. , Meng, Y. , Lu, L. , Li, L. Industrial Big Data in an Industry 4. 0 Environment: Challenges, Schemes and Applications for Predictive Maintenance [J]. IEEE Access Special Section: Complex System Health Management based on Condition Monitoring and Test Data, 2017, 5(99): 1.

[68]Tu, M. , Ming, L. , Yang, M. F. Internet of Things-based production logistics and supply chain system-Part 1: Modeling IoT-based manufacturing supply chain[J]. Industrial Management Data Systems, 2017.

[69]Amini M, Wakolbinger T, Racer M, et al. Alternative supply chain production-

sales policies for new product diffusion：An agent-based modeling and simulation approach［J］. European Journal of Operational Research，2012，216（2）：301-311.

［70］Quack，T.，Bay，H.，Gool，L. V. Object Recognition for the Internet of Things［M］. Berlin Heidelberg：Springer，2008.

［71］Thiesse，F.，Dierkes，M.，Fleisch，E. LotTrack：RFID-Based Process Control in the Semiconductor Industry［J］. IEEE Pervasive Computing，2006，5（1）：47-53.

［72］Wang，J.，Luo，Z.，Wong，E. C. RFID-enabled tracking in flexible assembly line［J］. International Journal of Advanced Manufacturing Technology，2010，46(1-4)：351-360.

［73］丁天明. 基于 RFID 技术的物联网在现代物流领域的应用［J］. 中国物流与采购，2011(4)：54-55.

［74］周娜. 物联网技术在智能家居中的应用综述［J］. 网络安全技术与应用，2015(5)：126+128.

［75］朱航，曹来江，朱国盛. 物联网技术在船舶工业的应用综述［J］. 造船技术，2012(6)：5-8+32.

［76］段晓杰. 基于物联网的列车智慧物流配送系统研究［D］. 北京交通大学，2015.

［77］蒋丽丽，姜大庆，于翔. 物联网技术在我国农业领域的应用研究综述［J］. 信息通信，2016(7)：86-88.

［78］孙其博，刘杰，黎羴，等. 物联网：概念、架构与关键技术研究综述［J］. 北京邮电大学学报，2010，33(3)：1-9.

［79］方伟勇，王红波，孟祥敏. 物联网对现代物流发展的影响［J］. 经营与管理，2011(12)：82-83.

［80］唐涌，朱莲，张洁. 物联网时代下现代物流业发展研究——以四川物流业为例［J］. 经济体制改革，2014(3)：187-190.

［81］尤巍，钟燕春. 利用物联网技术促进现代物流业发展［J］. 经济论坛，2014

(4)：141-143.

[82]刘凤奇．浅析物联网对现代物流业发展的影响[J]．科技经济市场，2015
(9)：29.

[83]朱婧．物联网和现代物流管理发展的关系探讨[J]．中国商论，2016(18)：
98-99.

[84]程德冬．基于物联网的物流产业融合研究[D]．天津商业大学，2012.

[85]赵文玲．基于物联网的物流产业转型升级研究[D]．广西大学，2017.

[86]朱新琴．物联网产业对区域经济增长的影响研究[D]．东南大学，2017.

[87]范林榜，董慧君．基于物联网的智慧物流现状及发展研究[J]．商场现代
化，2014(15)：85-87.

[88]王谦，李江凤．基于物联网管理模式的智慧物流模式构建[J]．中国市场，
2014(50)：79-82.

[89]胡永生，任敏．基于物联网技术的智慧物流发展策略研究[J]．物联网技
术，2015(11)：77-78+81.

[90]田源，徐寿波，宋伯慧，等．物流经济物流与经济发展关系研究[C]．第
七次中国物流学术年会，2008.

[91]贺登才．现代物流服务体系研究[J]．中国流通经济，2010，11：45-48.

[92]王文举，何明珂．改革开放以来中国物流业发展轨迹、阶段特征及未来展
望[J]．改革，2017(11)：23-34.

[93]中央政府门户网站．国务院印发《物流业发展中长期规划（2014—2020
年)》[EB/OL]．http：//www. gov. cn/xinwen/2014-10/04/content_2760366.
html.

[94]中华人民共和国商务部．商务部等5部门关于印发《商贸物流发展"十三
五"规划》的通知 [EB/OL]．http：//www. mofcom. gov. cn/article/b/d/
201702/20170202511705. html.

[95]杨芃博．基于供应链系统的企业物流管理研究[J]．中国商论，2014(18)：
153-154.

[96]Qu, T., Thürer, M., Wang, J., Wang, Z., Fu, H., Li, C., Huang, G. Q.

System dynamics analysis for an Internet-of-Things-enabled production logistics system［J］. International Journal of Production Research，2017，55（9）：2622-2649.

［97］王娟娟．一带一路经济区现代物流体系构建［J］.中国流通经济，2016（03）：25-31.

［98］李国旗．区域物流一体化发展的动力及相互作用机制研究［J］.华东经济管理，2013(6)：114-117.

［99］Handfield R，Nichols E. Introduction to Supply Chain Management［M］.Prentice Hall，1999.

［100］Simchi-Levi D. Interview with David Simchi-Levi［J］.Supply Chain Management Review，2000：74-80.

［101］马士华，王一凡，林勇．供应链管理对传统制造模式的挑战［J］.华中理工大学学报(社会科学版)，1998(2)：65-68.

［102］陈国权．供应链管理［J］.中国软科学，1999，10：101-104.

［103］郭治安．协同学入门［M］.成都：四川人民出版社，1988：31.

［104］蒂姆·欣德尔．管理大师及其思想精髓［M］.于晓言，大连：东北财经大学出版社，2009.

［105］芮明杰，屈路，胡金星．企业追求内部协同向外部协同转变的动因分析［J］.上海管理科学，2005(3)：5-7.

［106］邱国栋，白景坤．价值生成分析：一个协同效应的理论框架［J］.中国工业经济，2007(6)：88-95.

［107］鄢飞，董千里．物流网络的协同效应分析［J］.北京交通大学学报(社会科学版)，2009，8(1)：28-32.

［108］施卫东，高雅．基于产业技术链的物联网产业发展策略［J］.科技进步与对策，2012，29(4)：52-56.

［109］高迎冬，李杰，张颖．物联网技术在现代物流管理中的应用［J］.物流技术，2012，31(21)：175-177.

［110］邱剑峰．物联网背景下多维度协同物流管理框架［J］.经营与管理，2016

（1）：78-79.

[111]朱未平，金志扬．物联网环境下多维度协同物流管理研究[J].物流工程与管理，2016，38(6)：33-34.

[112]Campbell A. M. , Clarke L. , Savelsbergh M. W. P. The Inventory Routing Problem[J]. Fleet Management and Logistics，1998：95-113.

[113]刘维．耗散结构理论基础[M].东北林业大学出版社，2008.

[114]周扬．物联网环境下多维度协同物流管理研究[D].湖南大学博士论文，2013.

[115]南超兰．基于距离和时间的物流运输路线优化分析[J].物流科技，2012（12）：103-105.

[116]叶一芃，张小宁．基于随机运输路径选择的物流中心选址模型[J].管理科学学报，2017，20(1)：41-52.

[117]刘铁鑫．面向复杂货流的综合运输组织方式优化研究[D].武汉理工大学，2010.

[118]刘家睿．物联网技术发展与智慧物流[J].铁路采购与物流，2017(5)：59-60.

[119]王婕妤，徐海成．一种高效的基于公路运输成本计量的路径选择设计[J].计算机与数字工程，2017，45(8)：1519-1522.

[120]李永杰．管道运输．中国物流年鉴(2002)[M].北京：中国物资出版社，2002：99-104.

[121]田立新，唐焕超．成品油单周期库存与运输联合优化[J].系统管理学报，2009，18(5)：588-590.

[122]陈虎，韩玉启，王斌．基于系统动力学的库存管理研究[J].管理工程学报，2005，19(3)：132-140.

[123]王春豪，张杰，马俊．精益库存管理对企业绩效的影响研究——来自中国制造业上市公司的实证检验[J].管理评论，2017，29(5)：165-174.

[124]朱海龙，徐敬波．西部地区成品油合理库存探讨[J].国际石油经济，2012，20(8)：86-90.

[125] Padmanabhan G, Vrat P. EOQ models for perishable items under stock dependent selling rate[J]. European Journal of Operational Research, 1995, 86(2): 281-292.

[126] Cárdenas-Barrón L E. The economic production quantity (EPQ) with shortage derived algebraically [J]. International Journal of Production Economics, 2001, 70(3): 289-292.

[127] Tucker, Irvin B, Ronald P. Wilder. Trends in Vertical Integration in the U. S. Manufacturing Sector[J]. Journal of Industrial Economics. 1977, 26: 81-94.

[128] Rumelt, Richard P. Strategy Structure and Economical Performance. Cambridge[M]. Harvard University Press, 1974.

[129] S W Davies, C Morris. A new index of vertical integration: Some estimates for UK manufacturing [J]. International Journal of Industrial Organization, 1995 (13): 151-177.

[130] Subal C. Kumbhakar, Soumendra Ghosh, J. Thomas McGuckin, A Generalized Production Frontier Approach for Estimating Determinants of Inefficiency in U. S. Dairy Farms [A]. Journal of Business & Economic Statistics[C]. Volume 9, Issue 3, 1991.

[131] Fernando Barrera-Rey. The Effects of Vertical Integration on Oil Company Performance[M]. Oxford Institute for Energy Studies, 1995.

[132] 杨嵘. 石油产业经济学[M]. 西安: 西安交通大学出版社, 2010.

[133] 宋晶. 纵向一体化反垄断政策研究[M]. 大连: 东北财经大学出版社, 2010.

[134] Joseph D R, Erik S. James P B. Using health care failure mode and effect analysis VA national center for patientsafety's prospective risk analysis system [J]. The Joint Commission Journal on Quality Improvement, 2002(280): 248-267.